苦しむ人・悲しむ人の支えとなるために

スピリチュアルケアの現場から

窪寺俊之　岸本光子
島田裕子　清田直人
赤刎正清　上田直宏

いのちのことば社

まえがき

二〇二二年八月も猛暑の夏の真っ盛りでした。病院や施設の現場を経験し、自分の課題に取り組んでいる者たちで勉強会を立ち上げることにしました。そして、毎月一人が現場で経験したこと、悩んだこと、教えられたことを分かち合う機会を持つようにしました。

同じ課題や問題意識を抱える者が、職場や場所の壁を越えて学びの時を持つ環境ができたことは私たちにとって幸いでした。ひとところに集まることが困難な状況でしたが、オンラインは大きな助けとなりました。

島田裕子氏は、新潟県で不登校支援の仕事をし、そこで出会った一人の少女との関わりをスピリチュアルケアの実践という視点から報告されました。心の温まるスピリチュアルケアの示唆に富む学びの時でした。

赤餅《あかはね》正清氏は、大阪の総合病院の一般病棟で自殺願望を持つ患者さんと、人生の夢を壊すほどの大手術をした若い女性との出逢いを報告してくださいました。人生の危機に直面したお二人に対する病院カウンセラーの貴重な体験でした。

岸本光子《ひかりこ》氏は、大阪医療刑務所で壮絶な経験をしてきた受刑者へのキリスト教の教誨師の体験を共有してくださいました。緊張感に満ちたなかで働かれる神様の力の貴重な記録と言えます。

清田直人氏は、九州の博多で総合病院のチャプレンとして、愛する人を見送った三人の方々のケースを紹介してくださいました。三つのケースをスピリチュアルケアの視点から検討した貴重な論考になっています。

上田直宏氏は、大阪の淀川キリスト教病院でチャプレンをしていたときに出会った患者さん、職員さんたちとのことを三つの視点から検討して、スピリチュアルケアの本質を洞察してくださいました。三つの視点とは「ミニストリー・オブ・プレゼンス」「観想的傾聴」「目撃する」です。

この会の発起人で、淀川キリスト教病院でチャプレンだった窪寺は、日常的なスピリチュアルケアの必要性と可能性を報告しました。

それぞれ置かれた立場は異なっています。それを文章化したものもそれぞれの特徴を有しています。そうしたなかで、問題を共有できる仲間が与えられ、一年余りの間、互いの経験を分かち合い、学び合うことができたことは、おのおのにとって大きな恵みであったと思います。

ここには掲載されませんでしたが、もう一人、チャプレンとしての貴重な体験を共有してくださったことを述べておきます。この方が与えてくださった優しさや気づきも私たちにとって大きな励ましとなりました。ここでお礼を申し上げたいと思います。

そして、最初から最後まで、いのちのことば社の長沢俊夫氏が私たちと時間を共有して、貴重なコメントを下さいました。また、私たちの原稿に目を通し、文章を整えて、出版にこぎつけてくださいました。心からの感謝を申し上げます。

研究会に参加した一人ひとりが心とたましいを支えられ、励まされましたが、その成果であるこの本が、臨床の現場で課題と格闘している同労者や、病や悩みを抱えている方々に少しでも慰めの光を与えられればと願っています。

本書には、スピリチュアルケアに関わる者に大切なものが記されています。第一は、病や災難に直面している人への優しさや思いやる心です。第二は、病む人や困難の中にある人の問題や痛みを受けとめる感性、共感性です。スピリチュアルなものへの感性の大切さです。第三は、病む人と神様への信頼や信仰です。患者さんの中に生命力が備わっているという信頼こそがケアに携わる者に希望を与えてくれます。そして、厳しい現実の中で生きることさえ苦しみに見えるときでさえ、神様のまなざしがそこにあることを信じることの大切さを覚えます。こうしたことの大切さをあらためて思わされたことです。

苦難にある人とともに歩むことを願っている私たちを、支え励まし、力を与えてくださる神様への信仰がケアの原点にあると教えられています。読者の方々と多くのことを共有することができればと願っています。

二〇二三年十一月

窪寺俊之

目次

若者たちの苦悩と生き方に寄り添う
――「いのちのつながり」の中で――

島田裕子

はじめに

「社会に必要ない自分が生きている意味、ありますか？」

「世の中の役に立たず迷惑をかけるだけの厄介者、そういう自分は生きている価値がありません」

「堂々巡りの十数年、自分は何をやっているのだろう。どこへ行こうとしているのだろう」

「苦しすぎて窒息しそうで、どうにかなってしまいそうです」


私は、現在、若者を応援するボランティア団体*1（以下、「若者応援団」と表記）で、苦悩を抱えた若者たちと関わっています。上記の言葉は、そこで出会った若者たちの苦しみの声です。彼らは深い苦しみの中にいながらも、いのちと人生に向き合い、時間がどんなにかかろうとも自ら立ち上がり、自分の人生の主人公となって歩み始めます。しかし、彼らの苦しみやそこから再び生きようと葛藤する姿は、残念ながら社会の人たちにはあまり知られていないように感じます。彼らは本質的に何に苦しんでいるのか、その苦しみの中から立ち上がろうとする際の原動力は何か、そして私たちは彼らをどう支えたらいいのか……。これらは、二十数年のあいだ若者たちに関わってきた私自身の問いでもあります。本稿では、若者たちの生《なま》の声に学びながら、「若者応援団」の活動にも触れつつ、これらの問いについて一緒に考えてみたいと思います。

1　スピリチュアルな苦しみ

(1) スピリチュアルな存在

人間は、生きる意味や価値などの答えのない実存的問いにも深く関わって生きる存在です。それらの領域は、心理学や社会学などでは説明できませんが、臨床、特にいのちの危機に置かれた人たちの現場では無視することのできない重要な領域として認識されています。特に終末期医療の現場では、我が国においてもスピリチュアルケアとして実践が広がりつつあります。

私がかつて働いていた子どもや若者支援の職場では、スピリチュアルケアという言葉は一度も聞いたことがありませんでしたが、現場の子どもたちの苦しみは、周りの大人たちが考えているより何かもっと深いものであるように思えてなりませんでした。当時はそれをうまく説明する言葉を知らなかったのですが、その後、スピリチュアルケアを学ぶ機会に恵まれ、新たな視点で彼らの苦しみをとらえることになりました。すると驚いたことに、彼らの苦しみは、死に直面した人々が抱くスピリチュアルな苦しみ（スピリチュアルペイン）と非常によく似たものであることに気がついたのです。スピリチュアルペインとは、身体的苦痛や心理的、社会的苦痛とは別の「生きる意味」や「存在の価値」などについての根源的な問いから生じる苦悩のことです。すると、今までの枠ではとらえきれなかった若者たちの苦しみは、まさにスピリチュアルペインであると理解することができたのです。

私が出会ってきた若者たちのスピリチュアルペインは、世間の価値にそぐわない自分自身への責めによって生じていることが多く、それが引き金になって自己存在の否定や生きる意味の喪失を引き起こすため、ときにいのちにも関わる深刻なものでした。それゆえ、若者たちの苦しみをスピリチュアルペインの視点からとらえ直すことは、彼らの自立だけではなく、「いのち」を支えるためにも、とても意味のあることだと考えます。

(2) 本当の苦しみ——外側ではなく内側

さて、一般的な若者支援は、就労達成が目標にされます。ところが「若者応援団」の活動で出会う若者たちは、就労のための支援(という外側のこと)には関心を示さない人が大半です。しかも多くの場合、彼らはこの「就労させよう」とする周りの圧力に対して苦しさを覚えているようです。さらに深く話を聴くと、彼らの一番の苦悩は、「仕事もできないようなこんな自分に、生きている価値はあるのか」とか、「そもそもこんな自分が生きていく意味は何なのか」といった心の内側の深い苦しみであることがわかってきます。こうした言葉は、以前不登校の子どもたちから聴いた言葉とそっくりです。彼らは、「自分たちの『本当の苦しみ』は、学校へ行けないことそのものではなくて、学校へ行けないような自分は生きている価値があるのか、あるいは、自分はこのまま生きていてもいいのか、そして、こんな自分が生きている意味は何なのか、ということだ」と話してくれました。不登校の子どもたちも、未就労の若者たちも、学校へ行くとか仕事をするとかという外側の問題よりも、それに関連して起こる内側の問題に深く苦しんでいるのです。その深い苦しみはスピリチュアルペインであると言えるでしょう。

このような深い問いに向き合って苦悩している子どもや若者たち。それらにじっくりと向き合うこともせず、学校復帰だ、就労だ、と外側のことばかりに奔走し、しかもそれがちっとも良いことだとは思えなかったにもかかわらず、ほかにどうしてよいかわからなかったあのころの自分が情けなくなります。そして、当時関わった子どもや若者たちに対して申し訳なかった、と自責の念に押しつぶされそうになります。

さて、ここからは気を取り直して、私たちが関わっているユリ（仮名）のことを取り上げ、彼女の苦しみにじっくりと心を傾けてみたいと思います。

2　ユリの苦しみ

ユリが「若者応援団」にやって来たのは八年ほど前のことでした。私自身は不登校関係の仕事をしていたときに、まだ小学生だったユリと出会っていたので、しばらくぶりの再会となりました。現在彼女は、両親と三人暮らしです。姉が一人いましたが、ユリが生まれる前に病気で亡くなっています。ユリは、子どもの時からヤングケアラーとして病気の母親の世話をし、小学生の時から不登校になりますが、それでも母親のケアと家事を続けてきました。

二十歳を過ぎたユリは、シフォンのフレアースカートを身にまとい、少しお化粧などもして、子ども時代とは別人のように見えました。支援機関でサポートを受けていると聞いていたので、仲間もでき、サポートも受けて、不登校時代の苦しみも和らいだのかな……と外見から想像しました。ところがユリが語り始めたのは、苦悩と絶望に満ちた言葉の数々だったのです。

(1) 将来への不安、罪責感

ユリは、将来への不安、という話題から話を始めました。

将来への不安が毎日襲ってきます。それは、私が世の中の大多数の人たちとは異なる生き方をしているからだと思います。悩みは、将来どうやって食べていくか、ということです。けれど、長期にわたる不登校で学校にもろくに行っていないため、一般教養もないし、ときどき心身の不調も起きるので、そんな自分が一般企業で働くことは無理だと思っています。最近では、将来の不安で頭がいっぱいになり、「これ以上、父親に（経済的）負担をかけないためにも自分はいなくなったほうがいいのではないか」とか、このつらさを終わらせたくて、「死んでしまいたい」とか、よく思います。

学齢期にはなかった就労という二文字。ユリにはその重圧が重くのしかかっているようでした。働かなければならないことはよくわかっていても、働くことは難しい自分。「世間の当たり前」にそえない自分への責めと親への罪悪感、それゆえ生じる将来への不安で苦しみは限界にまで膨れ上がっていました。

(2) 存在価値がない――生きる価値への問い

続けてユリは、死にたくなる理由を次のようにメールに書いてきました。

私は、学校へ行ったり、仕事をしていたり、子育てしたりしているわけではありません。では何をしているかというと、何もしていないのです。自分はいったい何なんだろうか。何もしていない自分は、ただの「カネ食い虫」、そんな自分が生きていていいのだろうか、（自分が生まれる前に亡くなった）姉ではなく、自分が死んだほうが良かった、と考えることもあります。

自分には存在価値がないと思っています。……親に存在を否定され続けたからかもしれませんが、周囲から認めてもらえている気がしないこともあります。とにかく自分自身の存在価値を見いだすことは困難で、このつらい状況から逃れる方法が「死」以外にない、と思います。一刻も早くこの状況から逃れたいので、死にたくなるし、消えたくなるのです。

家事や母親のケアだけでも立派な役割を果たしていると思うのですが、本人はそのようには感じておらず、「（社会的に）何もしていない」という理由で自分の「存在価値がない」と言っています。また、親や周囲からの存在否定や承認のなさによっても、その思いを強くし、「死にたい」と思いつめていることがわかります。

(3) だれからもわかってもらえない、孤独

周りに悩みを打ち明けられる人もいないので、孤独感にもさいなまれます。「終わりのないトンネル」の中にひとりでいて孤独で怖くて、それを伝える方法も、だれにつらい気持ちを言えばいいかもわからなくて、伝えたとしても「どうせわかってもらえない」というあきらめもあって、本当に死にたくなります。

ユリは、「終わりのないトンネル」のような苦しみの中で、その苦しさをだれからもわかってもらえず、たったひとりで孤独に耐えていました。

単に物理的に孤独であるだけでなく、「だれからもわかってもらえない」という心理的な孤独は、若者たちに共通する苦しみの一つです。ユリは支援機関でも相談を継続していたはずですが、「わかってもらえない」気持ちは解消されなかったといいます。支援機関では「(この人が) 何にどう苦しんでいるか」よりも、「(この人に) 何が足りなくて、そのために何をするべきか」(問題解決) に主な関心があるからかもしれません。そのためか、支援機関を転々としてきた若者たちは、「話してもどうせわかってもらえない」と、あきらめていることが多いのです。ある若者は、「一方的なサポートではなく、私が何を考えたり思ったり感じたりしているのかを (支援機関に) ちゃんとわかってほしかった」と訴えてきました。何にどう苦しんでいるのかを「だれかにわかってほしい」という気持ちは、間違いなくほとんどの若者たちがもっています。

(4) 夢がない、関係性がない

将来を絶望するユリに、夢は何かと聞いてみると、こんな答えが返ってきました。

将来の夢なんて一度ももったことがありません。幼稚園の時から何度も聞かれたけれど、それを聞かれると、いつも返事に困っていました。

私は、「夢をもったことがない」というユリの言葉にショックを受けました。夢は自分の将来を楽しく思い描く子どもや若者たちの特権領域です。それなのに、夢がないとは！　しかも、幼稚園の時から!!　ユリは、その理由を次のように説明してくれました。

夢みたいなものがあったとしても、それを肯定してくれたり、心から応援してくれたりする人間関係がないと、夢をもちたいとは思えないのかもしれません。

夢がないのは、人間関係が失われているから?! 私はますますショックを受けました。

(5) なぜ? という問い、居場所がない

母親の病状が悪くなると、食事や入浴の世話、投薬管理、通院の説得までユリがしなければなりません。母親はユリがいないと不安になり、ユリが私と話をしていてもしょっちゅう母親からの電話が鳴ります。ユリにとって母親をケアすることは大き過ぎる負担だったようで、そのことは表情からも簡単に読み取ることができました。ユリは次のような言葉を繰り返していました。

周りには同年代で親の世話をしている人はだれもいません。なぜ私ばかりがこんな思いをしなければならないのだろう。この状況はいつまで続くのだろう。

このような答えのない問いや、見通せない将来への不安がユリを追いつめていました。

そんな状況の中でユリは限界であるにもかかわらず、母親の世話が「できない」と言えないでいましたし、「できないと言ってはいけない」とも話していました。ユリは、仕事もしていない自分はせめて母親の世話

くらい頑張らなければならない、という世間的な義務感に縛られているようでした。私は、「ユリちゃん、もう限界なんじゃないかなぁ。これでは続かないよ」と、傾聴の禁を侵して言ってしまったこともあります。

家で疲労困憊の日々が続くユリには、家以外でホッとできる場所が必要なはずでしたが、支援機関ではリラックスして過ごすのは難しいとのことでした。ユリには、自分の「存在価値がない」だけでなく、安心して「存在する場所さえもなかった」のです。

＊　＊　＊

これらの状況から、ユリが危機の中にいることは明らかでしたが、仕事ができない、母親の世話が大変である等の「状況」についての苦しみだけでなく、将来に絶望し、罪責感にさいなまれ、孤独の中で生きる意味や存在価値を問い、なぜ自分がこんな目に遭わなければならないのかと、苦しみの意味をも問う……このような深い内側の苦悩が大きかったことがわかります。これらはスピリチュアルペインの特徴です。[*2] ユリは、スピリチュアルペインによって自己の存在を失いそうになっていたのです。

そして、ユリの苦しみの背後には、世間一般の価値観から外れたユリに対する社会の冷たいまなざしがあるのを感じます。そのまなざしはユリを社会から疎外し、その結果、ユリは社会から撤退せざるを得なくなっていました。そのため人間関係も狭まり、わかってくれる人も居場所もなく、孤独に陥っていたと考えられます。孤独は、自己否定を引き起こしやすく、生きようとする力を喪失させます。

今、ユリに必要なのは、就労支援などの社会適応をめざした外側の支援ではなく、たましいの深い苦しみに寄り添い、ありのままのユリを受容する「内側のケア」です。そのためにまず何をしたらいいのでしょうか。私は、何より先に、孤独なユリをいのちのつながりの中に迎え入れなければならない、と強く思いました。

3　ユリのスピリチュアルペインに寄り添う

(1) 一緒に過ごす――聴く

さて、家にも地域にも居場所がないユリは、あるとき大きな旅行カバンを抱えて、「泊めてほしい」と我が家にやって来ました。ユリはその後も何度か限界を超えると、シェルターのように泊まりに来ました。ユリが泊まりに来たときには、「ひとりになれる時間がない」と言う彼女のために、夜はひとりでゆっくり過ごせるよう配慮しましたが、昼間にはときどき素朴な手作りおやつでティータイムを共にしたりもしました。母親とそんな時間を過ごすことも少なかったであろうユリに、少しでも母親代わりのようなことをしてやりたい、という自然の思いが湧いたからです。ユリは動くことも話すこともやっとの様子でやって来ましたが、おやつを食べ、おしゃべりしながら一緒に時間を過ごすと、別人のように元気になって帰って行きました。

孤独にしない、ひとりぼっちにしないということは、ユリに限らず、苦しみの中にある若者との関わりにおいて最も大切にしたいことの一つです。何もできなくても、ただ自然に「一緒に過ごす」だけで、彼らがしばしば元気になっていくのを見ると、共にいるということは十分意味のあることなのだろうと思います。

また、「聴くこと」は、一緒に過ごす際に心がけている最も基本的な態度です。苦しみを十分に聴くことは、苦しんでいる人が抱く「わかってもらえなさ」を取り除きます。さらに、「だれかにわかってもらえた」と実感することは、関係性を失った状態から自分に寄り添ってくれる人との関係性の中へ入ることを意味しています。それはつまり、「つながり」の中に入ることだと言えるでしょう。

(2) 生きようとする力

一緒に過ごす時間を重ねていたあるとき、死にたい気持ちを吐露していたユリが言いました。

それでも死にたい気持ちより、生きたい気持ちが強いことに気がつきました。

死と隣り合わせの日々を過ごしてきたことで、明日が来ることや、生きていられることが当たり前ではないことに気づき、「今いのちがあるならば、自分にできることを精いっぱいやってみよう」と思えたのだそうです。このときユリは、「生きようとする力」が自然に（勝手に）湧いてくるのを感じたと言います。自分ではなく、いのちのほうが「生きたい」と言っているような感じだったそうです。ユリが死を思うほど、つらい苦しみの果てに得たことは、自分の内側から湧いてくる「生きようとする力」だったのです。

このような瞬間は、ユリ以外にもときどきおとずれます。別の若者は、次のような話をしてくれました。

このまま死ぬのかなーって思ったときに、「死んではいけない！　絶対生きなくちゃ！」みたいな感じじゃなくて、なんかもっと穏やかで自然な感じで「生きることを受け入れよう」と思いました。潜在意識の深いところで、「これでいい」って、生きることを納得したっていうか……。

若者たちの話を総合すると、危機状態で生まれるこのような「生きようとする力への気づき」の経験は、「生きるぞ！」という決意でも「生かされる」という受け身な感じでもなく、自分の中に静かに湧いてくる思いに気がつくということが特徴です。

さらに、この経験によって若者たちが「生きることを受け入れる」決心をする際には、自分をわかろうとしてくれる人の存在が急に大きくなるといいます。たとえば、「○○さんや、△△さんもいてくれる」という言葉を私もよく聞きます。そうであれば、この「生きようとする力」は、関係性を土台として生じるものなのかもしれません。

さて、ユリはその後、

今でも死にたくなることがあり、そうならないことが最善ですが、そう思う自分も認めて赦してあげたいと思います。

と力強くきっぱりと語りました。私はユリのこの言葉を忘れることができません。この言葉は、「生きようとする力」に気づいたユリが、死を思うほどの苦しみを抱えていても、そのままの自分で生きていける、と受けとめた言葉に違いないと思ったからです。

人間は本来、生と死が一体化した人生を生きる存在です。それは、いのちについて深く問う生き方でもあるでしょう。現代人はそれを忘れていたり、見ないようにしたりして生きていることが少なくありませんが、ユリは限界に近い苦しみの中で、生と死が共存する（それゆえ、いのちを尊ぶ）人間本来のあり方に立ち戻ったとも言えるでしょう。

(3) この世を超えた存在との関係

この経験の後、ユリは、(会ったことのない) 亡くなった姉に一日の報告をしていると教えてくれました。一歩間違えば大事故ということに遭遇したときも、奇跡的に軽くすんだのは姉が守ってくれたからで、「まだ生きろ」という姉からのメッセージを受け取ったと言います。また、自然や動物、アニメのキャラクター、神様(特定の宗教の神様ではなく、いつも優しく包み込んでくれる存在)とも対話をし、話を聴いてもらうことがあるそうです。

生きることを受け入れたユリでしたが、生きていくためにはだれかとの親密な関係性が必要です。現実世界の中でそれを見いだすことが容易ではなかったユリは、その関係性を無意識にこの世の外に求めたのかもしれません。ユリの身体が生きているのは「この世」ではありますが、ユリのいのちは「この世を超えた」世界ともつながって、そこからも生きる力を汲み上げて懸命に生きようとしているように見えました。もともと人間は、太古の昔から現実を超えた超越的な存在を信じ、精神世界に超越的視点をもつことによって危機を乗り越え、生き延びてきました。ユリもそのようにして危機を乗り越えようとしていたのかもしれません。

＊　＊　＊

「生きようとする力」に気づく経験も、現実を超えた世界とのつながりの経験も、ユリが自分を超えた超越的なものからの力を受けて生きようとする経験だったのでしょう。

4　ユリの新しい生き方の探求に寄り添う

⑴ 元の世界――傷ついた経験、世間の目

傷ついた若者たちが人生に新たな意味を見いだし、自分らしい生き方を実現していくのは現実社会においてですが、彼らはいつまで経ってもそこへ出て行くことができずに苦しんでいます。その状態を「グルグル」と表現しています。離職がきっかけの人が多いのですが、不登校を通り越してさらに十年、十五年もこの「グルグル」をしている人もいます。青春時代の十年、十五年なのですから、私たちには想像できないくらい長く苦しい年月なのだろうと思います。彼らにとっては、就職はもちろん、成人式、自動車教習所、選挙の投票に行くなどはいずれもハードルが高く、家族の葬儀にも出られない人が多くいます。日常的なことでは歯科や美容院に行けない人もいます。そして、自己受容ができて、気持ちが外に向き始めても、「身体が動かない」という理由で外に出て行けない、という人も多いのです。「グルグル」している人たちは、みな本当につらそうです。

彼らが長期間外の世界へ出て行けない理由の一つは、過去の傷ついた経験です。彼らにとって外の世界とは、かつて他者によって傷つけられた危険な場所ですから、そこへ戻るのが容易でないことは想像に難くありません。

しかし、外の世界に戻れない理由は「過去」の経験だけではありません。もう一つの理由は、「現在」彼らに注がれる「世間の目」です。彼らは、仕事もしていない自分を世間の人たちが批判の目で見ているに違いない、とおびえているのです。実際、「いい若いもんが仕事もしないで……」という言葉は、地域の中で

よく聞かれる言葉です。世間の人たちからすれば、「自分は苦しくてもずっと我慢して働いてきたのに」という思いもあるでしょうし、彼らの外見は一般的な若者と少しも変わらないように見えるため、仕事どころではない内面の苦しさが伝わりにくいということもあるでしょう。しかし、批判的な世間の目が若者たちの生きる価値を否定するものであることは、私たちが思っている以上に深刻であることをぜひ知ってほしいと思います。生きる意味や価値という問いと格闘しながら自分の人生を探している若者たちにとって、世間の批判的まなざしは、自らの存在価値を切りつけてくる鋭い剣のようなものなのです。さらに、困ったことには、「自分らしさ」を見つける第一歩は、好きなことや興味のあることをやってみることなのですが、彼らにとって「好きなことをやる」というのは、罪悪感まみれの恐怖に満ちた行動になってしまいます。「好きなことだけやるのはわがままだ」、「そんなことができるなら仕事ができるだろう」という声があちこちから聞こえてくるからです。

このように、彼らにとっての現実社会は、傷ついた経験や世間の目と結びついていて、「恐怖」とともに認識される世界です。この認識を新たに作り変えることができなければ、そこに新たな一歩を踏み出し、新たな人生を作っていくことは難しいでしょう。

(2) ユリの葛藤

ユリもまた、なかなか外の世界に向かって一歩を踏み出すことができないでいました。そこで、ユリに一歩を踏み出せない理由を聞いてみました。

何かしら仕事をしなければ、とは思っている。しかし、今はできる状態ではない。

……何とかしないと、と思うばかりで思考がグルグルして前に進まない。

一歩を踏み出すための社会参加には、ボランティアやイベントに出かけるなど様々な方法がありますが、そのときのユリにとって「一歩踏み出す」とは、唯一「就労」であったことがわかります。「仕事をしなければならない」に縛られていたユリなのでした。

さて、一歩を踏み出す（＝行動して何かを実現する）ためには、「〜したい」という「願い」が必要であり、なおかつその願いは、「実現可能」なものでなければならない、と言われています。ところがユリは、「仕事をする」という（その時点では）実現不可能なことに向き合っていたために動き出すことができなかったのだと言えます。

そこで、私たちは、「仕事」をひとまず脇に置いて、ユリが「やってみたい」かつ「やれそうな」活動をみんなで応援することにしました。それをかなえたのは「若者応援団」のネットワークでした。十数人の応援団たちは、それぞれ得意なことや人脈を駆使して、ユリの「やりたい」を全力でサポートしました。

ユリの「やりたいこと」の皮切りは、隣県のリンゴ畑で作業することでした。朝早く応援団のメンバーと一緒に軽トラで出発し、一時間半かけて畑に行き、五時間ほどの作業をして戻って来る、ということを続けたユリでした。私たちは、「外の世界に踏み出した、すごい！」と単純に喜んだのですが、考えてみれば、隣県にユリを知っている人はだれもいません。「仕事をしていない」と批判的に見る人もいません。自然が大好きなユリにとって、周りの目を気にせず、無心にリンゴの花や実を摘む時間は、楽しいひと時だったに違いありません。しかし、ユリが関わっていた支援施設にそのことが知られると、「本格的に仕事を探すべきだ」という声が聞こえてきました。また、父親は「そんなことができるなら、普通にちゃんと就職してほしい」と言いました。そんな周りの反応に、ユリの表情は暗くなりました。

(3) 新しい関係性の中で

a　なんちゃってゼミ

就職へと舵を取らせたい周囲の反応とは裏腹に、そのころのユリは「生き方や生きる意味について知りたい」としきりに訴えていました。そこで私たちは、様々な世界に視野を広げ、そこから自分なりの生き方や生きる意味を考えることができるように、「世界を知る『なんちゃってゼミ』」を開催しました。ゼミという名前にしたのは、長期不登校で学校へ行っていないため「教養がない」と劣等感を抱いていたユリに、大学で行われる「ゼミ」という言葉を使うことで、大学生にも引けを取らない深い学びをしていることを自覚し、自信を持ってほしい、という気持ちからでした。苦しみの中で生きる意味を探求するという人生の学びは、単なる知識を得ることよりもはるかに深くて深淵な学びです。

ゼミでは、様々な世界を生きる人たちから話を聞き、それをもとに生き方などについてディスカッションをしました。その中でも、野の花を描く水彩画家のギャラリーへ行った最初のゼミは、ユリにとって特別なものとなりました。静かな空間で何気ない野の花たちを描いた美しい画の数々を鑑賞し終えたとき、壁に貼られていた画家の言葉がユリの目に飛び込んできました。

「花の大きさも色も構図も、実物と同じに見たままを描きます。枯れている葉っぱがあっても、それはそれで自然の美しさです。ありのままが一番美しいからです」

画家の先生もそばに来て、人間がどんなに素晴らしいアングルや構図を考えたところで、自然の「ありのまま」の美しさには到底かなわないことなどを静かに話してくれました。ユリは涙が止まらなくなりました。ユリは、そのときを振り返ってこう書いています。

野の花たちから、「あなたもありのまま生きていていいんだよ」と言われたような気がしました。仕事も何もしていないけれど、このまま「生きていていいんだよ」と、生きることの許可をもらったようで、うれしくて涙が出ました。

私はそんなユリの傍らにいて、紡ぎもせず織りもしない野の花が、栄華を究めたソロモンよりも美しく生かされている、という聖書の箇所（ルカ福音書一二・二七〜二八）を思い出していました。そこに、ユリが野の花たちから受け取った「ありのまま生きてよい」というメッセージと、それが「一番美しい」と語る画家の言葉も組み合わさって、まるで別次元の世界にいるような神聖な気持ちに満たされていました。

そしてユリは、このときに限らず、ゼミのすべての回で、人生や生き方についてのディスカッションをだれよりも楽しんでいました。「世の中の価値観に呑み込まれないで、自分自身の価値観を作り上げることが大切だとわかった」こと、「自分のしたいことをしてもよいと気づいた」こと、「他者がいてこそ、自分になっていける」こと、「自分のことだけではなく、他者や環境のことも考えて生きることの心地よさ」などを熱く語り、参加した皆を大いに驚かせたことでした。

ユリの希望が反映されたゼミの活動は、外から強いられる「〜しなければならない」の世界に疲弊したユリが、内側からあふれ出る「〜したい」の世界へ飛び立つ経験となりました。実は、ゼミに関わる多くの活動に参加するようになってユリのエネルギーが足りなくなるのでは？と心配したのですが、実に活き活きと活動を続けたユリでした。人は、強いられることには心的エネルギーを消耗しますが、自ら望んだこと、言い換えると「自分らしくあること」ではエネルギーがチャージされるものなのだなぁ、としみじみ思ったものです。それは、自分の「生きる意味や価値」の発見へとつながっていくことでしょう。

b　新しい関係の広がりの中で

この後、ユリは、ゼミに参加した応援団のメンバーたちと様々な交流を始めます。みんなから可愛がられ、お琴やハンドベル、英会話や手芸などを習い、逆にスマホの使い方を教えたりもしました。ユリお手製のケーキがおいしいと、あちこちから注文が舞い込んだこともあります。ユリはその中で、自分は何が好きで、何に興味があるのか、力を発揮できることは何かを知り、安心して「自分らしく」振る舞えるようにもなっていきました。これらは、ユリが地域の人たちから認められ、受け入れられる経験であり、戻っていく現実社会に安全な「自分の居場所」があることを知る機会となったようです。

ゼミ開始から一年ほど過ぎたころ、夢をもったことがない、と言っていたユリがこんなメールをくれました。

夢ができました。ケーキを作ってお茶を出したりする小さなカフェで仕事をするのが、今の私の夢です。居場所のない人も来られるカフェだったらいいな、と思います。

その後ユリは、応援団のメンバーとの交流を越えて、外の世界に向かって、次々と「やりたいこと」に挑戦していきました。その中でもユリが継続して熱心に取り組むことができたのは、「だれかの役に立つ」活動でした。たとえば、環境を守るための活動や、入院中の子どもたちのための活動、手話の習得などです。ユリは、「良く生きたい」と言い、このような活動の中で善良な社会の一員であること、特に「だれかの役に立つ」ことが自分の生きる意味の一つであることを発見したそうです。

C 「意味ある他者」になる

ユリは、一緒にボランティアを始めた村木さん（仮名）にたいへん気に入られ、「ユリちゃんみたいなお嫁さんがうちに来てくれたらいいのに……」と言われていました。実はそのころ、村木さんは、長男の婚約者が長期の不登校経験者であるという理由から結婚を許可できないでいました。しかしあるとき、ユリもかつて長期の不登校をしていたことを知ります。村木さんは、「不登校した子は良くない、と勝手に考えていたけど、それは間違っていた」と考えを改め、婚約者を受け入れることができた、という出来事が起こります。

ユリは涙を流しながらその話を聞いていました。このときユリはいまだ苦しみの中にいて、社会的な何かを達成したわけではありませんでしたが、生身のユリの存在そのものが村木さんの心を変えたのです。ユリは、自分が村木さんにとって「意味ある他者」[*3]になっていることを知りました。それは「意味ある自分」[*4]の発見でもありました。ユリと地域の人たちとの新しい関係性は、ユリがケアされるだけのものではなく、互いに深く影響を与え合い、成長し合う相互の関係にもなっていたのです。それは、ユリにとって生きる価値を確認する経験でもありました。

(4) 世界の見え方、社会の責任

ユリの新たな生き方探しは、世間との葛藤がありつつも確実に前進しているように見えます。新たな関係性は、当たり前を強要され、批判する人々で満ちている恐ろしい「世界」のイメージを、ありのままの自分（＝自分らしくあること）を応援してくれる人がいて、自分の生きる意味や価値に気づかせてくれる「世界」へと変化させているようでした。ユリは、その中で安心して自分探しの歩みを進めているようです。ユリは次のように書いています。

私の考え方や人生がさらなる深みへと進むことができている気がしています。
既存の考え方に捕らわれて、縛られて、がんじがらめになっていたこれまでの心が自由になり、大空へ羽ばたいて行けるような気がします。

ユリに限らず他の若者たちも、世界が安心できる場所であれば、二次災害のように起こる長期間の「グルグル」に陥ることなく、世間の様々な縛りからも解放されて、もっと自由に自分らしい生き方の探求ができるだろうと思います。社会の批判的まなざしが若者たちを苦しめているとすれば、彼らが苦しんでいることは私たち社会の側の責任です。言い換えると、彼らに温かいまなざしを向けることは、私たち社会の側がなすべき責任だと言えるでしょう。

＊　＊　＊

若者たちの新しい生き方の探求は、「生きる意味や価値」と深く関わっています。そして、「生きる意味や価値」は、彼らの「自分らしさ」と結びついています。彼らは、たとえ標準とは異なる道をたどってきたとしても、人々との安全な、そして受容的な関係性の中で「ありのまま」の自分を受け入れ、「自分らしさ」を知りながら、私という存在の「生きる意味や価値」を見いだしていくのです。ですから、「めざせ、就労！」という（外側だけに重点を置いた、上からの）掛け声だけでは彼らが動き出すことは不可能であり、自分自身の内側の世界をじっくりと見つめるプロセスと、それを担保してくれる温かい関係性が大切なのです。それらがあってはじめて、若者たちは新しい生き方へと大きく羽ばたいていけるのではないでしょうか。就労はその先に見えてくる事柄でしょうし、就労しない生き方もあって良いと思います。

おわりに

スピリチュアルペインという物差しを当てて考えてみると、若者支援においてあまり注目されてこなかった「生きる意味や価値」をめぐる若者たちの苦悩が明らかになってきます。彼らがそこから立ち上がって自分らしい生き方を探求していくときにも、同じように「生きる意味や価値」をめぐる葛藤があることもわかってきます。若者支援は、就労だけでなく、このような深い内面的な事柄も含めてトータルに考えていく必要があるでしょう。

さて、ここで、はじめに提示した三つの問いに戻ってみたいと思います。その問いとは、彼らは本質的に何に苦しんでいるのか、その苦しみから立ち上がる原動力は何か、彼らをどう支えたらよいのか、でした。

ここまでの検討を以下のような答えにまとめたいと思います。まず、彼らの本質的な苦しみは、自分の存在価値や生きる意味に関わるスピリチュアルな苦悩だということです。その苦しみの中で「生きようとする力」に気づく経験が生じ、彼らはその「生きようとする力」を原動力として、自らの存在の意味や自分らしい生き方を探求し始めます。では、そのような若者たちに対して私たちには何ができるのでしょうか。必要な支援はたくさんありますが、その中でこれまであまり知られていなかったけれども非常に大切だと思うことは、第一に、スピリチュアルペインに配慮しつつ彼らの苦しみに十分に寄り添うということです。第二には、彼らの生き方探しに「温かいまなざし」を向けつつ寄り添い続けることでしょう。この寄り添いは、問題解決やゴールに向かって上から何かをすることではなく、寄り添う相手が人生の主人公となって生きるプロセスに伴うことなのだと思います。

ユリは最近、カフェがある職場でアルバイトを始めました。

注

1　中学校卒業後の若者とその家族を応援するボランティア団体。当事者中心を第一に心がけ、地元の若者たち（特に様々な理由で苦しんでいる若者たち）を応援することを目的に二〇一一年から活動しています。

2　窪寺俊之氏は、スピリチュアルペインの内容として、①生きる意味・目的・価値の喪失、②苦痛の意味を問う苦しみ、③死後への不安、④悔い・罪責感、の四つ（島田、まとめ）を挙げています（『スピリチュアルケア学序説』四三～四四頁）。島田は、それをもとに若者のスピリチュアルペインを考察し、③に代えて「将来への不安と絶望」を提示しました（「不登校児童生徒のスピリチュアルペイン」一三～二六頁）。

3　興梠寛『希望への力――地球市民社会の「ボランティア学」』五〇頁。
4　同書、五〇～五一頁。

参考文献

興梠寛『希望への力――地球市民社会の「ボランティア学」』光生館、二〇〇三年。

窪寺俊之『スピリチュアルケア学序説』三輪書店、二〇〇四年。

島田裕子「不登校児童生徒のスピリチュアルペイン」、『スピリチュアルケア研究２０１９ＶＯＬ３』日本スピリチュアルケア学会、二〇一九年。

「出逢い」に尽くす

赤刎正清

はじめに

「神が天地を創造した初めに—地は荒涼混沌として闇が淵をおおい、暴風が水面を吹き荒れていた。『光あれ』と神が言った。すると光があった。」（旧約聖書 創世記一・一～三、中澤洽樹訳）

聖書には、この世界が「光あれ！」という言葉によって創生されたと記されています。

本稿の主題である臨床の現場も、混沌（カオス）に満ちています。多くの患者も医療スタッフも進むべき道を見失い、悩み、苦しんでいます。実は、わたしがこの世界に導かれたのは、臨床現場で働く友人の「現場（のカオス）を見てください」という言葉からでした。確かにそこは、不条理や人間の憤りが偏在する漆黒の闇のような世界でした。本稿は、その闇の中に、どのように一筋の光（希望）を見いだすべきなのかを探し求めようとしています。特に出会いの瞬間にそれを見いだそうとしています。そこには「光あれ」という言葉のように、いのちに燈火を灯すような力が働いているのかもしれません。闇夜のグラウンドの真ん中に小さなロウソクを灯すだけで、球場全体は闇から解放されます。それと同じように、神さまから来る言葉の一つひとつが、臨床現場全体に光をもたらしてくれるのではないでしょうか。

1　医療現場でのカウンセラーの働き

これまでの医療は、医師のパターナリズム（父権主義）によって推し進められてきたと言われ、医師の「鶴の一声」で治療方針が決定される傾向がありました。けれども時代が変わり、現在はインフォームドコンセント（説明と同意）の実践が求められるようになりました。治療の選択肢が患者さんに委ねられるようになりました。たとえば、検査入院で疾病が発見されると、患者と家族が呼ばれ、まず医師の説明がありす。「この悪性新生物の場合、内科的に免疫チェックポイント阻害剤で治療しますと、五年生存率の中央値が五三パーセントで、外科的な処置になりますと……」といったようにです。そしてその後、見たことも聞いたこともない医学用語が羅列されたプリントが並べられ、「早急に治療方法を選んで、署名してくださ い」と言われたりします。「あのときは、頭の中が真っ白で何も考えることができませんでした」という人も少なくありません。そのような中で、カンファレンスのあと、ベッドサイドに伺い、困ったことや疑問に思ったことなどを患者さんからお聞きし、医療者と患者さんとの間に立って対応するのが私たちカウンセラーの働きです。

2　出逢いの扉が開く

インフォームドコンセントが医師と患者さんとの間でしっかりとした信頼関係のもとでスムーズに進むか

といえば、なかなかそうはいきません。あるとき、朝のカンファレンスの後に、夜勤を終えた看護師から「何号室の○○さん、昨日厳しい予後の告知があって、消灯後シクシク泣いておられました。わたし、何も声をかけることができなくて……。訪床をお願いできますか」と言われました。電子カルテを急いで閲覧し、患者さんと信頼関係ができ、お役に立てるようにと祈りつつ、病室に向かいました。

病室の中を外からゆっくり様子をうかがい、患者さんに優しくノックの音が届くように慎重に扉を四回鳴らしました。そして「入ってもよろしいですか」と一声かけ、一礼して入室しました。

患者さんとの最初の出会いでどのように信頼感を築くのかが、医療スタッフの大きな課題の一つです。それゆえ第一印象はとても大切です。わたしが依頼を受け、カウンセリングに訪れる患者さんは、みなさん、身だしなみを整えて待っておられました。中には、足音を聞いてベッドに正座して待っておられる患者さんもいました。入院中の患者さんにとって、ひげを剃ったり着替えたりすることは、それはそれは大変なことです。それを考えると、毎日毎日頭が下がる思いでした。

この患者さんは、残念ながら、悪性のガンで亡くなられました。後日、ご家族から、「人生の最期に、この病院に入院してよかったと、本人も満足した最期を送ったのではないかと思います」と丁寧な礼状をいただきました。

信頼関係を紡ぐためには、こちらが常に最善の誠意を尽くすことが求められることを窪寺俊之氏は『スピリチュアルケア学序説』（三輪書店、二〇〇四年）で述べています。

「スピリチュアルケアでは、患者とケア・プロヴァイダー〔提供者〕の間に信頼関係を築くことがもっとも重要なことである。両者の間に信頼関係が築けたとき、患者は心の深い問題を開示することができる。（中略）信頼関係を形成するには努力が必要である。意図的な努力がなければ信頼関係は生まれないことを銘記されたい。」（八九〜九〇頁）

患者さんの感覚・感性は非常に鋭敏で繊細です。とにかく細心の注意を求められます。次項から、患者さんとの出会いについて具体例を挙げてお話ししたいと思います。

3 「言《こと》の葉《は》」の響き

ケース1

ナースステーションにいると、病院内専用のＰＨＳの着信音が鳴りました。それは他病棟からのものでした。

「○○病棟です！　患者さんがハサミを身体に突き立てて、『死ぬ！』って叫んでいます。早く来てください！」

「わかりました、すぐに行きます。」

階段を駆け上がりました。とにかく自死・自傷だけは免れたいと願いながら。病室の前に着くと、中から、女性の患者さんが大声で叫んでいるのが聞こえました。部屋に入ると、一見、身体が不自由なようで、四十代半ばくらいの方でした。発する言葉の呂律が回っていないようです。病室内が緊迫感でピンと張りつめていました。

「先生、お願いします」と、担当の看護師が緊張した声で迎え入れてくれました。「わかりました」と言って、患者さんとの間合いを慎重に詰めました。

この患者さんがどれほど苦しんできたのだろうかと思い、こちらの心をとにかく落ち着かせて、「しんどかったね」と声をかけてみました。すると、その患者さんは、じっとこちらを見つめ、突然、「わ〜〜〜ん」と、顔を天井に向けて号泣しました。そして、しばらく泣いていました。

涙の色合いが少し変化したように思ったので、「もう大丈夫ですか？」と尋ねてみました。そうは聞いてみたものの、何が大丈夫なのか、患者さんなのか、私自身なのか、その場全体なのか、よくわかりませんでした。

ところが、「うん」と言って、その患者さんは涙でグショグショの顔でほほ笑んだのです。きょとんとしている看護師が、「先生、いったい何が起こったのですか？」と尋ねてきました。

後日詰所で話を聞くと、ミズホさん（仮名）は指示が伝わりづらく、看護も難渋していた患者さんだったようです。知的能力障がいがあり、発語に不自由さを抱えているということでした。正直なところ、私もミズホさんの想いをはっきり聴き取ることができませんでした。

ところがある日、そのミズホさんから、突然、たどたどしい言葉で「モーツァルトのレクイエムが聴きたい。どうしても」というリクエストがありました。それは、わたしの魂を震撼させるリクエストでした。心のどこかで、知的能力障がいのある方が、この曲を知っているはずがないというわたしの傲慢で差別的な思いがあったのかもしれません。モーツァルトのレクイエム（鎮魂ミサ曲）には冒頭から「主よ永遠の安息を彼らに与え、絶えざる光を彼らの上に照らしたまえ」というフレーズがあります。ミズホさんの「どうしても」という言葉から、わたしは、このレクイエムの言葉が、ミズホさんの魂の奥底で鳴り響いていたのではないかとも考えました。自らの身体に、ハサミを突き立てて希死念慮を現した後、ますます「主よ永遠の安息を与えたまえ」という思いが強まったのではないかと考えました。

あのとき以来わたしは、ミズホさんがまた希死念慮を持つ恐れを抱いていました。もしかしたら、もう一度、自殺未遂を繰り返してしまうのではないか。その思いがミズホさんとの関係性を深めることを躊躇させたのでしょう。そのような私に、ミズホさんは、モーツァルトのレクイエムの言葉に自らの想いを乗せてこの曲をリクエストしてきたのかもしれません。そこには「永遠の安息を」という祈りがあったのではないか。わたしは、そのときそう思いました。

このあと、MSW（メディカル・ソーシャル・ワーカー）がCDラジカセを購入し、病室にモーツァルトのレクイエムが鳴り渡ることになりました。

窪寺氏も共に歩む者としての関係について次のように語っています。

「同伴者は常に死の危機にある人に寄り添い、決して離れたり放棄したりしないということである。同伴者は危機にある人がいかなる状況に立ったときにも、その人の場所から離れたり見捨てたりせず、いつも寄り添っている人である。」（『スピリチュアルケア学序説』九一頁）

ミズホさんは、このあとすぐに長期療養型病院に転院して行きました。結局、ミズホさんがどうしてわたしにレクイエムをリクエストしたのかを問う時間はありませんでした。わたしにとって急性期病院でのカウンセリングのあり方を問われるケースでした。言語領域で通い合うことが困難な患者さまへの対応を深く考えさせられました。

ミズホさんとの出会いは、私に多くのことを考える機会を与えてくれました。いのちの現場では何が起こったのかを言語化することが困難なケースは数多くあります。私は「臨床牧会訓練」という教育を受けました。こうしたことがよく取り上げられます。特に、カウンセラーの心のうちに起こったことを問題にします。カウンセラーの一挙手一投足、一言ひとことに、どのような想いがあったのかが詳細に分析されます。特に、患者さんとカウンセラーの関係に教育の中心があります。患者さんの言動を「明確化」すること、わからないことはしっかりと「対峙」して明確にすること、そして患者さんを「サポート」するということを学びます。カウンセラーは、患者さんが抱える問題の中で何を明確にしたかったのか、そこで見えてきた問題にどう立ち向かっていたのか、その行程が患者さんをサポートする視線で進められていたか、ということです。

わたしはその学びをもとにして、このケースで「しんどかったね」という七文字に、その三つの要素を乗せて伝えるようにしてみました。患者さんの数十年に及ぶ闘病生活を「しんどかったね」で明確にし、「その苦しみを、あなたはこれからも背負って生きていくのですね」と対峙し、「大丈夫、一緒にいますから」とサポートしました。これは、あくまでもわたしの意図であり、ミズホさんにそれが本当に伝わったかどうかは定かではないというのが実際のところです。

「明確化」「対峙」「サポート」という接し方は、あくまでもケアする側からの態度ですが、患者さんがそれをどう受け取ってくれるかが重要です。わたしはそれを「三つのRe」でとらえています。

「Clarify クラリファイ」（明確化）⟷「Reflection リフレクション」（内省）
「Confront コンフロント」（対峙）⟷「Resilience レジリエンス」（回復力）
「Support サポート」（サポート）⟷「Re‐creation リ・クリエーション」（再創生）

リフレクション（内省）とは、患者さんが自分の心の中を明らかに見ることです。幾重にも複雑にまとっている問題を明らかにするのが内省という作業です。そこで患者さんが自分自身の人生をじっくりと振り返る時間を共有します。それには当然、苦しみが伴います。見たくない自分、見せたくない自分がそこにいます。患者さんの心の中に「内省」「省察」が巻き起こるからです。

レジリエンス（回復力）とは、患者さんが「内省」して見たくない自分から回復することです。回復力が患者さんの中から湧いてくるのです。「対峙」する経験を糧に、患者さんの「回復力」が生まれてきます。

リ・クリエーション（再創生）とは、患者さんが自らの痛み・傷とともに生き、新しい人生を歩み出し、「いのちの再創生」を信じて進むことです。カウンセラーは、そのときどきの患者さんの感情の微細な移ろいに、瞬時に、自分の感性をチューニングし、患者の魂のサイズに見合うボリュームとトーンで、言葉を発します。私はミズホさんに出会い、たくさんの気づきと考える機会をいただいたのでした。このような経験をできるのが臨床にいることの喜びであり感謝なことです。

4 一緒懸命

臨床の現場では、患者さんの態度、表情などのノンバーバル（非言語的）な表現から、患者さんの心の中のバーバル（言語的）な意味を紡いでいくことをします。ケース1では、患者さんの思いに寄り添うためにノンバーバルな言動からバーバルな意味を紡ぐ力が問われたように思います。それは、大切なメロディーに言葉を乗せるような感覚と言えるでしょうか。一方で、患者さんが苦境から抜け出るために、ある程度指示的に対応することもあります。カウンセラーはバーバルな領域で患者さんに関わるのですが、そのときには自らをさらけ出し、自分自身の痛みを伝えることにもなります。また、患者さんが自分で意識しない心の動きを客観的に表現することも、カウンセラーの大切な務めです。当然そのときには豊富な言語力・語彙力が求められます。カウンセラーは感情に寄り添う言葉を常日ごろ習得し、すぐにそれを取り出せるようにしておくことが求められるのです。そしてその言葉自体が患者さんを象徴的に支えることもしばしばあります。ケース2では、そうした言葉との出逢いを取り上げます。

ケース2

あやのさんは、就職活動を控えた大学三年生。保育実習課程を楽しみにしていました。海外ボランティアグループに属し、非常に活動的な生活を送っていました。そんなとき、膝に違和感を覚えて、受診・検査をしたところ、膝関節に悪性の肉腫が見つかりました。医師からは、切断して義足を装着するか、人工関節にするかの選択が示されました。どちらにしても、幼児相手の実習は困難になりました。あやのさんは、希望に満ちた人生が手のひらから零れ落ちていくような感覚を味わっていました。そうした中で、抗がん剤治療も含めて、治療をどの病院で行うかも決めなければなりませんでした。家族、友人らの支援はとても良好で、お母さんは毎日のように病室に詰めて、ボンボンベッド（折り畳み式の簡易ベッド）で寝食を共にしていました。兄弟もベッド柵に取り付けられるタブレットを購入し、ネット環境を整えていました。あやのさんは横臥しながらネットサーフィンができるようになりました。けれどもご両親は、なぜもっと早く娘の病気を発見することができなかったのかと深い後悔の念をもっていました。

ナースステーションでは、患者さんが若い学生であること、病態が深刻であること、早期の治療開始が望まれていることから、メンタルケアも重要であるということになり、カウンセラーの早期介入が決定しました。そういうわけで、カウンセラーのわたしがあやのさんの病室を訪ねることになりました。

ドアを四回ノックして訪問。自己紹介をして、お話を伺いました。快活で、病態に関しての理解も良好でした。そしてカウンセラーであるわたしに向かって言いました。

「わたし治療、頑張ります‼」

あまりの快活さ、満面の笑顔にわたしは驚いてしまいました。

「手術前後の抗がん剤治療はけっこうつらいものです。ここよりも、もっと症例の多い病院もあるので、よく考えたほうがよいと思いますが。」

「整形外科の先生も優しいし、両親もここでいいと言っています。それに、わたしはここが気に入っているのです。」

あやのさんはすでに覚悟をしている。それならば、わたしもできるだけ支えていこうと思いました。

「もう説明があったと思うけれども、大変な治療になります。命がけかもしれません。文字どおり一生懸命ということになるでしょう。とにかくこの病院で頑張ると決められたので、わたしたちもできるだけのケアをします。あやのさんは十分考え、理解して、決めたのだと思います。ここで、一所懸命に生きていきましょうね。そんなあやのさんに、ひとつ言葉を贈りたいのですが……。」

「はい、ありがとうございます。」

わたしは紙に「一緒懸命」と書いて、彼女に渡しました。「『一生』でなく、『一所』でもなく、『一緒』。あやのさんの『一生』を闘病にすべて賭けるのではなくて、ご両親と『一緒』に生きていくことにすべてを賭けてみる。そう決断してほしいと思います。これから嫌なこともたくさんあるでしょう。そんなときは泣いてください。怒ってください。だんまりを決め込んでもいいのです。行儀良くしていなくてもよいのです。ご両親に面倒をかけても、迷惑をかけてもいいのです。あやのさんのことを心配しているご両親が支えてくださいますし、それにわたしたち医療スタッフも加わりますから。」

あやのさんはじっと「一緒懸命」の字を見つめています。

その後、たわいもない雑談をして離室しました。

後日、訪室したとき、お母さんがちょうどお見舞いに来ておられました。開口一番、「先生がこれを、あやのにプレゼントしてくださったのですね」と笑顔で話しかけてこられました。「一緒懸命」と書かれた紙が綺麗に額装してベッドサイドに飾られていました。お母さんは、今もこの言葉との出逢いを鮮明に覚えていると話しておられます。

後にこんなお手紙をいただきました。その後のことも書かれているので、その一部を転載します。


「明朗快活で健康そのものだった娘。そんな娘への突然の大病の告知に、私達は奈落の底に突き落とされたようでした。二週間で一生分泣いたのではないかと思います。過酷な治療が続きましたが、赤刎先生は入院初日から毎日ずっと病室に来て、親子共々支えてくださいました。……

『一緒懸命』と書かれた紙をいただき、とても心に響きました。ひとりじゃない、そんなメッセージを強く感じました。

……

体と心にはタイムラグがあり、病気を受け入れることにはとても時間がかかりますが、『一緒懸命』という言葉はずっと私たちの心を温め続けてくれています。」

「一生懸命」の一生という時間的スパンは、あやのさんにとって長すぎるという思いがわたしにはありました。「一生懸命」という時間的広がり、「一所懸命」という空間的広がりの中で、ひとり佇むあやのさんに、人と人との関わり、人間的な温もりが必要だと感じて、「一緒懸命」という言葉が、咄嗟にわたしの心の中に浮かんだのだと思います。この言葉と出逢って、あやのさんが人と人とのつながりを大切にした闘病を決断したのであれば、同伴者として関わった者として、これほど嬉しいことはありません。窪寺氏もケアを提供する者（ケア・プロヴァイダー）は患者さんや家族の「同伴者」として存在しているとして次のように記しています。

「危機にある人に寄り添うとは、ケア・プロヴァイダーにとっても非常に重い役割である。（中略）患者の肉体と精神には感情の浮き沈みが繰り返しやってくる。その浮き沈む患者や家族に、どこまでも、いつまでも寄り添うことである。一緒に揺れ動きながら、なおしっかりと受けとめ先を見据えているのである。」（『スピリチュアルケア学序説』九一頁）

5 「癒し」と「救い」

ケース2では、「一緒懸命」の言葉を贈ることで、あやのさんの知性・理性の部分で同伴者として関わっていたように思います。知性・理性の言葉に、感性・情動の彩りを重ねていく作業をあやのさんに経験してほしいとわたしは考えていました。抗がん剤治療によって、髪の毛がごっそり抜けてしまったとき、友人がドラゴンボールのクリリンの衣装を持参して、笑顔で記念撮影をしていました。嘔気で苦しいときには、もちろん一言も交わさずに訪室を終えることがありました。人工関節への置換手術・そして抗がん剤治療による入退院を繰り返し、長い療養期間をご両親、兄弟と、ときに笑いながら、ときに涙を流しながら、ときに布団に潜り込みながら過ごしていました。その後、あやのさんは、治療を終了して、退院していきました。

術後のリハビリでは、自分が活かされる場所を求めていて、カウンセリングに興味をもち、将来は「おばあちゃん食堂」を開いて、人の役に立ちたいと話していました。

ところが、就職を控えて、思うように進まないリハビリにしびれを切らし、自暴自棄な行為・言動が目立つようになったため、面談を再開してほしいとの依頼がお母さんからありました。

私はあやのさんに「自暴自棄な行為や言動が目立つようになったのですか、どうしました？」と尋ねました。

あやのさんは「わかっていながらも、リハビリが思うように進まないと、なにか速足で歩いたり、自転車に乗ってみたくなったりするのです」と焦る気持ちを分かち合ってくれました。

あやのさんは、早く元気なころの自分に戻りたいと焦っているようでした。じっくりと自分自身の病気と向き合ってほしいという願いもあって、あやのさんにとってかなり厳しい言葉になるかもしれないと思いながらも、彼女が受けとめてくれると信じ、思い切って、こう語りました。

「そうですよね。これから社会に出ていくわけですから。今、あやのさんが求めているのは、手術以前の自分に戻ることでしょうか。自由に走り回っていたときのあやのさんでしょうか。それは『癒し』と表現されるものですね。悪いところを取り去って、リハビリを重ね、元の自分に戻ることですね。それを求めるのは当然のことであると思います。わたしは、それとは別に『救い』という道もあるように信じています。自分にとって良いと思われないところをそのまま受けとめて生きていくことです。わたしは、弱さとともに生きていく力があやのさんにあるのではないかと思っています。弱さを受け入れるのはとても難しいことですが、救いとはわたしたちの弱さをそのまま受け入れてくれる神様を認めて生きることだとわたしは思っています。今のあやのさん自身をありのまま受け入れて生きていくことが必要ではないかと思うのです。」

わたしの手元にあった白紙に、「癒し」と「救い」という文字を書いてみました。あやのさんに見せました。

あやのさんは目を真っ赤にして、涙を流しながら、「救い」を指さしました。あやのさんの心に「救い」という言葉が響いたように感じました。

それから後も、あやのさんとあやのさんのご家族との交流は続いています。

ある日、あやのさんから、次のような手紙をいただきました。

「先生の面談を受ける前の自分について、今思い返してみると、『がんになり、障がいも負ったけれど、いつも元気に過ごしている自分』というのを必死に演じていたなと感じています。病気なんてなかったことのように振る舞い、人前で弱音を吐くことは、ほとんどありませんでした。このころの生活がずっとつらいわけではありませんでした。ただ、ふとした瞬間にどうしようもない虚しさに襲われて、ひとりで夜中涙が出ることも多々ありました。このままではいけないという気持ちはあったけれど、今の弱い自分をそのまま受けとめるには、当時の私には勇気が足りませんでした。そんなとき先生からいただいた『救い』という言葉が、私の足りない勇気を補ってくれました。もちろん、弱い自分を受けとめることは容易ではありませんでした。弱い自分を受けとめてくれるものがいると信じて生きることが『救い』ということだと心に響いてきます。面談から約一年が経ち、社会人としての生活が落ち着いてきた今、ようやくありのままの自分を肯定できるようになったと感じています。

でも、この一年の間ずっと、『救い』の二文字は私の心の中心に存在していました。精神的に不安定になり、自分がどうしても許せなくなったときでも、道標があることによって、自分をもとの道に戻すことができました。

今現在の私は、リハビリは順調で少しずつ歩行距離は伸びてきているものの、がんの転移が見つかるなど、決して良い状況であるとは言えません。ただ、それで今の自分を嘆くことはありません。今の自分だからこそ見える世界があると知っているからです。」


あやのさんは、今も、がんサバイバーとして毎日を過ごしておられます。おそらく「再発」という恐怖と闘っておられると思います。しかし、癒されたという原状回復に自分自身を納得させて、その恐怖に立ち止まってしまうのではなく、それでもなお、病を背負った一人の救われた人間として歩んでいくことをあやのさんは望んだのだと思います。

あやのさんに限らず、わたしも、「癒し」と「救い」の使い分けを深く考えることがありませんでした。たとえば、大好きな音楽に「癒された」と表現するのか「救われた」と表現するのかは、そのときどきの感情に任されるでしょう。しかし、それぞれの漢字の語源を調べてみると面白い事柄が浮かび上がってきます。「癒」という漢字には、木をくり抜いて、渡し船とする象形から、体の悪い部分を抜き取り、病気が治るという意味があるとのことです。どこか人為的な要素が含まれています。ところが、「救」という漢字には、霊力のある獣の皮を叩いて、その霊力を高め、魔を払うという意味のことです（参照、白川静『常用字解』平凡社、二〇〇三年)。このことから「救い」という言葉には、人の力を超えた神秘的な力の介入で助けられる意味があると理解できます。そう考えると、大きな意味ではスピリチュアルな出来事だと言えるかもしれません。

あやのさんは、人生の苦境に出遭ったとき、人生の道標となる「救い」という言葉と邂逅しました。これからのあやのさんの人生において「救い」という言葉が、大きな指標となることを願っています。

わたしは、あやのさんの中に、病と共に生きていく強さがあることを当初から信じていました。あやのさんと最初に会った時の明るさや社会人になってからのあやのさんの生き方に内的強さを感じていました。そこに道があると確信していました。あやのさんが、その道へ歩み出すことを信じて待っているだけでよかったのです。そして、あやのさんは、見事に、重荷を背負いました。そしてそれは、背負ったとたん重荷ではないと気づいたのかもしれません。

あやのさんは、その後も、数か月に一度の検査で、悪性腫瘍の再発がないか確かめながら、それでも元気に社会人として、はつらつと生活しています。一度は、肺に転移が見つかり、手術の適用になり、長期の入院となりました。就職してからのことだったので、有休を使いきり、さぞつらかったろうと思います。それでも、ありのままを生きるあやのさんとこれからも一緒に歩ませていただきたいと願っています。

結び

ここまで、二つのケースを紹介しました。それぞれが、現場で、「どうしてわたしにこんなことが起こるのか」という不条理な物語と言えるかもしれません。しかし、そこには、キラキラと輝く、暗闇の中に一筋の希望を見いだすファーストスターのような、いのちの言葉との出逢いがありました。スピリチュアルケアとは、人生の中で危機的な状況に「出遭う」事柄を、単なる「出会い」、偶然の「出遇い」でもなく、「必然的な出逢い」とすることと定義できるのかもしれません。私は単なる物理的「出会い」を必然的「出逢い」として意味づけることがカウンセラーの果たす使命であると考えています。カウンセラーは患者さんと素晴らしい出逢いを経験し、感動的な時間を共有します。

注意すべきことがあると思っています。このような出来事を幾度も経験するとカウンセラーの心に一種の全能感のようなものが湧き上がってくることがあります。「一生懸命」「一所懸命」から「一緒懸命」という言葉へと患者さんを導く、時と場所を恣意的に操作する優越感も生まれてくることがあります。けれども、それはとても危険なことです。ケアの独占欲にもつながるものです。権力としてこうした特権を何の倫理観もなく行使すれば、健康を当然のように生きる者と、構造的な問題などで弱者とされる者との間に深い溝を作ってしまいます。「この患者は、私でないとケアできない。私だから救えたのだ」などという傲慢な感情です。そして、この心は、患者さんをも支配します。

カウンセラーの活動は守秘義務を課せられています。それだけに批判されることも評価されることも少ないのです。そのような中で患者さんから、「人生の最期に、あなたに出会えてよかった」という言葉をいただいたときには、カウンセラーにとってそれが最大の栄誉となります。とはいえ、ここにも注意が必要です。この栄誉を「あなたに」という個人への称賛として受け取るべきではないでしょう。そうでなければ、カウンセラーは、いつまでも患者さんを束縛してしまうことになるでしょう。追いかけてしまうこともあるでしょう。そうではなく、「出逢えてよかった」という事柄にただ感謝すべきであると、いつも自戒しています。関係性に関わる働きと表現できるのかもしれません。

出会いに出逢えたことに感謝すること、そしてさらに出逢いに尽くして、仕えていくことがカウンセラー自身を、ケアの悪しき欲望から解放します。「出逢いに尽くす」ことがカウンセラーにとってアルファでありオメガであり、「出逢いに仕える」ことが初めであり、終わりであると思います。

「これらのことを証しする方が言われる。
『しかり、わたしはすぐに来る。』
アーメン。主イエスよ、来てください。
主イエスの恵みが、すべての者とともにありますように。」

（ヨハネの黙示録二二・二〇〜二一、新改訳２０１７）

和解によるいのちの再生
――大いなる愛に抱かれて――

岸本光子

はじめに

私は、二〇〇八年から大阪医療刑務所の教誨師をしています。そこで出会った方々は、ご自身の大切な「物語」を私に分かち合ってくださいました。刑務所の殺風景な面会室で語られたそれらの言葉を、私は心が震える思いで受け取りました。それは、看取る親兄弟もなく、家族からも縁を切られ、刑務所でひとり命を閉じようとしている孤独なたましいに、そっと触れるような貴重な体験でした。

刑務所という環境は、今まで手にしていた地位や権力、財産、社会とのつながり、家族や親しい人との交わりなどすべてのものを喪失する環境です。本稿では、そのような環境の中で、ご自分の人生と向き合い、残された時間――いのち――を懸命に生きようとされたキヨシさんを「神との和解」という側面から光を当てて取り上げたいと思います。そして、後悔と悲嘆と絶望が渦巻く、まさにどん底のような現実に、神様がいかに働き、愛してくださったかを、目撃した者として証言していきたいと思います。

1　医療刑務所について

医療刑務所とは、医療と刑務所が結びついた「病院の機能を持った刑務所」ということができます。日本には、四つの医療刑務所があります。

大阪医療刑務所は、関西以西の刑事施設に入所中に重篤な病気に罹患したり手術が必要になったりした場合に、専門的治療を受けるために移送される総合病院、医療センターとして存在しています。

また、定期的に透析が必要な方や心臓病食、腎臓病食など各種の治療食が必要な方、結核等の感染症の方、統合失調症等の精神疾患の方、アルコール依存や薬物依存の方も入所しています。依存症については専門プログラムでの治療が行われています。

被収容者の方々は、治療や手術が終了すると、元の刑事施設に戻りますし、満期釈放日が来ると社会へ戻ります。しかし、ここで命を終える方も多く、年間で約三十名前後の方が亡くなります。罪を償って社会に復帰するための更生教育が重要なことは、他の刑務所と同様ですが、それと同時に自分の人生に向き合い、「どう命を終えていくか」ということも、医療刑務所では配慮すべき大切な事柄になっています。

また、医療刑務所の特筆すべき特徴は、被収容者の等級に関する部分です。

日本の刑務所は被収容者の等級によって分類・区別されています。被収容者の犯罪傾向や特性・適性に応じて、収容される刑務所や更生プログラムが変わるからです。たとえば、A級は初犯など犯罪傾向が進んでいない者で反社会勢力ではない者、B級は再犯・累犯・反社会勢力の者というような区別があります。そのほか、L級（十年以上の被収容者）、F級（外国人の被収容者）等の分類が何種類もあります。これは被収容者にきめ細かく対応し、適切な処遇をするための分類です。F級の刑務所には各国語に堪能な刑務官も配置され、外国語を話す被収容者の刑務所内の生活や心情把握に対応しています。

また、被収容者の犯罪傾向や特性に応じて収容する刑務所も決まっています。たとえば、○刑務所はA級の被収容者、△刑務所はB級・L級・F級……の被収容者、□刑務所は交通犯罪者を収容する交通刑務所というような分類があります。拘置所には未決の人と死刑囚が収容されています。

しかし、医療刑務所ではそのような分類に関わらず、医療サポートの必要な方すべてを受け入れています。つまり、医療刑務所では罪の重さによって待遇（処遇）が変わることはなく、初犯の方も、無期懲役刑の方も、死刑囚の方も「一人の病人」として治療や手当が行われている、と言うことができます。医療刑務所の医師や看護師は、たとえ何人も人を殺めた殺人犯であっても、目の前にいる「病に苦しむ患者」として診察し治療すると言われます。

2　教誨について

教誨とは、全国教誨師連盟の教誨マニュアルによると、「矯正施設の中で被収容者に対して行う精神的、倫理的、宗教的な教化活動を総括している名称[*1]」と書かれています。また、『信徒の友』二〇一七年三月号の教誨師特集号では、教誨は「多くの辞書には『受刑者に対し徳性教育をすること』とあります。特に『誨』の字が難解なため、一九七二年からは『教かい』と表記され、一九七七年からは『教戒』と表記された時もありました。しかし、教誨師側の強い要望もあり、一九八二年には『教誨』と表記することが閣議決定され、現在に至っています。ここまで教誨師が『誨』の字にこだわったのには理由がありました。それは

『戒』の字が上下の支配関係から相手を教え諭すのに対し『誨』が絶対者の前において同じ者が内面的な自覚を促すことを意味するという理由からです[*2]」と記されています。教誨師は上から目線ではなく、共に絶対者（神）の前では罪人であるという立場で、被収容者と向き合いたいという願いが込められているように感じます。

「『宗教教誨師』は、刑務所、少年院、拘置所、少年鑑別所で被収容者の更生のために奉仕する宗教家[*3]」ですが、心理カウンセラーや傾聴ボランティアとどう違うのかを自覚して教誨を行う必要があると私は考えています。医療刑務所での教誨については、犯罪という社会的な罪と、人間の生き方を問うときに迫ってくる宗教的・信仰的な意味での罪の両方に関わるものが多く見られます。

社会的な犯罪としての罪は、司法によって公正に裁かれねばなりません。しかし、医療刑務所で命の期限が迫りくる被収容者にとって最大の難問は、自分の犯した殺人などの重罪が、神あるいは仏によって赦されるのか、それとも赦されないままこの世の命を閉じていかねばならないのか、というところにあると感じます。これは非常に大きなたましいの痛み（スピリチュアルペイン）です。

また、「どうしてこんな人生を送ってしまったのか。せめて、あの世では良い人間に生まれ変わりたい」と願う方もいます。そして、「自分が死後においても裁かれるのは自らの犯した罪の報いであるから仕方がないが、神仏の怒りが子どもや家族に及ばないように、どうかとりなして祈ってほしい」と切実に願う方も少なくありません。

教誨師は、被収容者がこれらの痛みの根源に向き合うことができるように祈りつつそばに付き添い、また宗教者として神にとりなし、ときに赦しの儀式や宣言をすることもあります。

3　キヨシさんのこと

(1) キヨシさんとの出会い

キヨシさん（仮名）は、医療刑務所に移送された五十代の男性です。個人教誨の申し込みがあり、刑務所から許可されて十月の下旬に初めて面会をしました。背が高く体格も良く、いつも背筋をピンと伸ばした礼儀正しい方でした。重病とは思えないようなピシッとした佇まいをしていました。

お話を伺うと、「自分は医療刑務所に来る前にいた刑務所で、ある人と同室だった。その人、ミゲルさん（仮名）は悪性リンパ腫というガンに罹り、実に激しい痛みを耐えていた。自分はその人と同じ部屋で過ごし、身近で接していたが、あの苦しみは到底人間が耐えられるようなものでないと感じていた。しかし、ミゲルさんは耐え難い痛みと高熱の中で、マリアさんに祈っていた。自分たちの罪を赦してくださるように、また同室のみんなが神へと立ち帰るようにといつも祈ってくれた。本物の信仰がなくては、あんな痛みに耐えられるはずがない。人生を呪い、運命を呪い、神を呪って罵りながら死んでもおかしくないような状況で、なぜ彼は祈れるのか。信仰とはなんと強い力を持つのか。そう思っていた。ところが、ミゲルさんが医療刑務所に移送された翌年、自分も同じ悪性リンパ腫になってしまった。そして、治療のために医療刑務所に来た」というのです。大部屋で同室だった者の中には、「自分たちのように刑務所にぶち込まれるような犯罪者が病気になったからといって、今さら神に祈るのは虫が良すぎる。その病気は天罰だ」と言う者もいたそうです。しかし、キヨシさんは直感しました。本物の信仰がなければ、自分はあの痛みに耐えきれず、泣き叫び、人生を呪いながら死んでいくだろう。「この病に最後まで耐え、尊厳をもって死んでいくために、どうか自分にも信仰を与えてほしい。ミゲルさんが最後まで握って離さなかった信仰を私にも与えていただきたい」と、頭を下げました。

そのとき私はハッとしました。実は一年ほど前、私はそのミゲルさんと医療刑務所で教誨を続けていたからです。カトリックの信仰を持つ日系人の方でした。首はまるで浮き輪をはめたようにぱんぱんに腫れあがり、顔より大きく膨らんでいました。刑務官の方も、痛み止めや冷却パックを使わせてくれるなど、いろいろな配慮をしてくれましたが、病状は重く、とても辛そうでした。

最初の面会の日、ミゲルさんは枕の下に忍ばせたマリア様の御絵をそっと見せてくれました。マリア様にいつもとりなしと魂の救いを願っていたのです。

私はミゲルさんとの出会いと別れを思い出しながら、ミゲルさんの信仰が、病の苦しみと痛みを通して刑務所で同室であったキヨシさんへ伝えられたことに大きな驚きを覚えました。そして、憎しみや怒り、恐れ、絶望という、ありとあらゆる負の感情が激しく渦巻き、命を蝕む病に侵されながらも生きねばならない悲惨な現場である刑務所の中に、確かに大きな力が働いていることを感じました。

キヨシさんのお話を聞いた私は、それでもさすがにすぐに洗礼というわけにはいかないと思い、「聖書や救いについて少し学んでから、クリスマスくらいに洗礼式をしましょうか」と提案してみました。ところがキヨシさんは、「そんな時間はありません。来週から厳しい抗ガン治療が始まります。いつ死んでしまうかもわからないので、早く洗礼を受けたいのです」と言いました。私は、キヨシさんの残された命の時間についての思い（余命に対する思い）を理解できていなかったことを、申し訳なく思いました。そして、ミゲルさんの姿から伝えられた信仰と赦しを、自分も何としてもいただきたい、という切なる願いをキヨシさんが持っていることをあらためて重く受けとめました。そこで、当時の日本基督教団大阪教区議長に相談し、病床洗礼式を翌日執り行うことにしました。

翌朝、教育の刑務官立会いのもと、キヨシさんの病床での洗礼式を行いました。キヨシさんは、「主イエスの十字架は私のためでした」と告白し、洗礼を受けて神の子とされました。

(2) キヨシさんの生い立ちと苦しみ

洗礼を受けてからのキヨシさんは、面会のたびに自分の生い立ちについて話してくれました。あたかも自分の人生を総括するかのように、幼い時から始めて現在に至るまでを語りました。

キヨシさんの家庭は裕福で、何不自由なく育ったそうです。しかし、(キヨシさんの言葉をそのまま記すと) まだ幼いころ、お母さんに恋人ができ、お父さんにも恋人ができ、家族がばらばらになってしまいました。そして、キヨシさんは祖父母にひきとられることになりました。

祖父母の家も裕福で、生活に困ることはありませんでした。祖父母はしつけには厳しく、今まで両親から捨てられたように育ってきたキヨシさんにとっては、多少窮屈でもありました。よく可愛がってくれた祖父母ですが、箸の持ち方や言葉遣いなどをたびたび注意され、反抗期に差しかかったキヨシさんはそれらを鬱陶しく感じるようにもなりました。

ところが、キヨシさんが中学生になったとき、その祖父母が相次いで亡くなってしまったのです。家には、親戚だという、それまで顔も見たことがない人が来て、金目のものを次々と持ち去っていきました。中学生だったキヨシさんはどうすることもできずに、見ているほかありませんでした。抵抗はしても歯が立たず、悔しい思いをしたということです。

祖父母が亡くなり、家財道具もなくなったがらんとした家にひとりでいると、恐ろしく孤独を感じました。

そんな家に帰るのも嫌で、キヨシさんは行く当てもなく街をぶらぶらするようになります。そのようなとき、近所のスナックのお姉さんが、ときどき食事を作って食べさせてくれました。それでも空腹な時は繁華街をうろついて、友だちに見つからないようにして残飯を漁って飢えをしのいだそうです。

そんなあるとき、キヨシさんは一人の紳士に声をかけられます。

「お前は、もう野良犬のような生き方はするな。世間に負けないように顔をしっかりと上げて、強く生きよ。」

その人はキヨシさんにそう言って、家に連れて帰ってくれたそうです。

家は家族が多く、みんな行儀よくきちんと生活をしています。奥さんも優しい人で、清潔なベッドを用意し、「今日からここに住んでいいよ」と個室を一部屋くれました。あたたかいご飯も食べさせてくれ、サイズの合った服も買ってくれました。ときには、お小遣いまでくれたそうです。家のお兄さんは、漢字も計算も英語も丁寧に教えてくれました。たいして学校に行っていなかったキヨシさんに対し、お兄さんは「勉強は大事だからね」と根気強く付き合ってくれました。

キヨシさんは、ここで生きていこうと決めます。もう残飯を漁るようなあんな生き方は二度としたくない。強くなって世間を見返したいと思った、と話してくれました。

キヨシさんはこの家で安心して食べ、安心して眠り、心も身体も成長します。どうも普通の家、普通の家族ではないような気もしましたが、ほかに選択の余地はありません。実は、キヨシさんを拾ってくれた家は暴力団の親分の家でした。けれども、キヨシさんにとってはたとえ暴力団員であったとしても、自分を捨てた実の親よりも情があり、頼るものがない自分を人としてまともに扱ってくれるお父さんやお母さんは、まさに命の恩人でした。満たされない心で寂しく野良犬のように食べ物を漁っていた惨めな自分を拾って育ててくれた、この家族を守るためなら、自分は死んでもいいと思ったそうです。

面会中に、キヨシさんはこのように自分のこれまでの人生を聞かせてくれました。背筋をピンと伸ばし、柔和な目をして、丁寧な言葉遣いで話すキヨシさんは、私のイメージする暴力団の人とはどこか違うように感じられました。

キヨシさんの物語は続きます。

「二十歳になったら、みんなは着飾って成人式に出席しますが、自分たちはそんなところへは行きません。けれども、二十歳のお祝いにお母さんがスーツを誂えてくれました。紳士服の老舗でオーダーメイドしてくれたのです。サイズを測るときも、『うちに来たときは、あんなにガリガリだったのに、よく立派に大きくなったね』と言ってくれました。自分の存在を喜んでくれる人がいて本当に嬉しかった。」

「幼いころは、自分はだれから見ても価値のない子だった。母親も、自分よりも恋人が良くて自分は置いていかれた。父親も同じだった。新しい女性に夢中で、何日も帰って来なかった。この世の中で、自分は生きていても死んでしまってもどうでも良い存在だった。生まれてきたこと自体が間違いだったのだと思った。しかし、ここのお父さんやお母さんは、自分のことを喜んでくれる。立派になった、強くなったと褒めてくれる。ここでやっと自分は生きていて良かった、生まれてきて良かった、と感じることができた。今までは食べさせてもらうばっかりだったけれど、これからは大人としてしっかりと働いて、恩返ししたいと思った。」

キヨシさんはこのように回想しました。

この組でキヨシさんは力をつけ、ナンバー2にまで昇進します。組の組織がどうなっているのかには触れませんでしたが、将来を嘱望される存在になったということでした。キヨシさんはそのとき、身を固めようと思って結婚します。

　私は、組の人の結婚は組織を強力にするために、昔の武将のように組同士の駆け引きや縁を重視して相手を選ぶことがある、と聞いたことがありました。聡明で紳士的で、しかもナンバー2にまで昇進したキヨシさんなら、そういう縁組みも可能だったでしょう。しかしキヨシさんは、自分が野良犬のような生活をしていた中学生のころに、ご飯を食べさせてくれた、本人の言葉を借りれば「場末のスナックのお姉さん」と結婚します。七歳年上の女性でした。今度は自分が彼女を幸せにしてあげたい、と思ったのだそうです。

　このように毎回、キヨシさんのお話を聞きながら教誨を続けていましたが、ある日刑務所に行くと、キヨシさんがこう言うのです。

「いやぁ、この前、危なかったんですよ。意識がなくなっちゃって……危うく死ぬところでした。血小板輸血をしてもらって、助かりました。」

　こんな話をニコニコした顔で話すので、私も事の深刻さがわからなくなるほどでした。キヨシさんは、「（死ぬ）予行演習をしました」と微笑みながら話しました。

　そんなことがあった後、キヨシさんはある取り立ての仕事の話をしました。若い者を何人か連れて、ある家に行くのです。トラックに家財道具を全部積むように指示し、自分も家に入ると、幼稚園くらいの年齢の女の子が一人でテレビを見ていました。テレビではアニメ番組がかかっていました。女の子は泣きもせず、じっとテレビを見ていたそうです。そして、キヨシさんの顔を見て、「おじちゃん、テレビを持って行くのは、これが終わるまで待ってくれる？」と聞いたそうです。

　キヨシさんは、胸がぐっと熱くなりました。自分の辛かった過去、祖父母の家から金目の物を全部運び出されたときのこと、そのときだれも自分を守ってくれる人がいなかったことが、一瞬にして思い出されたのです。堪えきれず自分の目に涙があふれるのを隠しながら、キヨシさんは若い者に大声で命じました。「取り立ては中止する。トラックからすべての荷物を降ろせ。元あったところに丁寧に運べ。」

キヨシさんは組に帰ってから厳しく叱られるのを覚悟のうえで、命令に背きました。幼かった自分と重なった女の子を、悲しませたくなかったのです。

(3) キヨシさんのスピリチュアルペイン

以上のように、キヨシさんには、幼い時期に両親が不和で、それぞれ恋人を作って出て行ったという経緯がありました。家庭が崩壊したのです。しかし、キヨシさんは一度も自分を捨てた両親を悪く言うことはありませんでした。「浮気」「不倫」「愛人」などという言葉を使わず、「恋人ができた」と優しくロマンチックな表現をするなど、両親への想いは幼い時のまま真っ直ぐでした。

特に母親への思慕は強く、幼少の息子よりも恋人を選んだ母親ではあっても、懐かしく切なく感じているように思えました。キヨシさんが母性を強く求めているのは、結婚した相手の女性からも伺い知ることができました。

成人して実力をつけ、組のナンバー2になったキヨシさんは、中学生のころにご飯を食べさせてくれた七歳年上のスナックのお姉さんと結婚します。飢えて惨めな毎日を過ごしていた自分に、優しい言葉をかけ、母性をもって接してくれた女性でした。

その女性を今度は自分が幸せにしたいと結婚相手に選び、二人の生活を始めます。幸せだったかどうかには触れませんでしたが、お金の苦労はさせたことがないということでした。

そんなキヨシさんは亡くなる数か月前、自分の死期を悟り、離婚します。「なぜですか？」と驚く私に、

「自分は彼女にもう何もしてあげられないし、死別するよりも前に早く自由にしてあげたかったから」と言いました。とても寂しそうな表情だったのを今も覚えています。

また、最初の刑務所の大部屋で同室だったミゲルさんは、マリア様の御絵を大事にしていました。マリア様は聖母マリアとも呼ばれる主イエスのお母さんです。それを見ていたキヨシさんも、母のあたたかさ、優しさ、どんな自分も受け入れて愛してくれる母性溢れるマリア様に、幼い時から得ることができなかった母の愛を求めていたのかもしれません。

ターミナルケア、グリーフケアの第一人者、シスター高木慶子氏は、スピリチュアルペインをスピリチュアルハンガーだと表現しています。多くの方々を看取った経験から、ペイン（痛み）というよりも、ハンガー（飢え、渇き）が近いのではないかと感じるということです。私もキヨシさんの根底にある悲しみや苦しさは、（母の）愛への飢え、渇きであると感じました。

組で大きな役割を担い、虚勢を張って渡り合っていたときには抑え込んでいた愛への渇望が、病を得、死を前にして、大きくクローズアップされたのだと思います。

(4) キヨシさんの最期

キヨシさんは、教誨の約束の日の朝、天国へ旅立ちました。私は刑務所に着き、その日の明け方、キヨシさんが逝去されたことを知らされました。刑務所では、被収容者の情報を外に出さないため、危篤であるとか逝去されたということは教えてくれません。面会に行って初めて、その事実を知るのです。刑務官からとても安らかな最期だったと聞き、「キヨシさん、良かったですね」と心の中で話しかけました。

ミゲルさんの病と痛みを通して、キヨシさんは自分を愛し、救いを完成される神と出会いました。そして、願いどおり尊厳を保ち、この世の命を閉じました。

町をうろついていたキヨシさんに言われた「世間に負けるな、強く生きよ」は、本来、暴力団の台詞ではなく、聖書のメッセージです。「あなたがたには世で苦難がある。しかし、勇気を出しなさい。わたしは既に世に勝っている」（新約聖書 ヨハネ福音書一六章三三節、新共同訳）。暴力団ではなく、教会が、少年であったキヨシさんに声をかけていたら、どうなっていたでしょうか。

数日後、刑務所の霊安室でキヨシさんの葬儀を行いました。所長をはじめ看護師、担当の刑務官が出席されました。霊安室は献花した百合の香りと賛美に満ち、聖書のメッセージが語られ、まるでそこが教会のようでした。人生の最後に神のもとへと帰ったキヨシさんは、真の和解を得、新しいいのちを受け取ることができたのだと思います。

(5) 所感

キヨシさんは心を開いて、自分の生い立ちから現在に至るまでの人生を話してくれましたが、その会話の中で、ある取り立ての話を、特に詳しく話しました。キヨシさんは、一般の仕事と同じように責任を持って、組の仕事をしていました。ところが、幼い頃に経験したある出来事がよみがえり、仕事の責任を放棄してまで、少女の懇願を受け入れたのです。

ある出来事とは、キヨシさんが中学生のころに養育者であった祖父母が相次いで他界し、親戚と名乗る見ず知らずの者がよってたかって、家具や金目のものを持って行った出来事でした（五九頁）。その時の感情や情景が、ありありとキヨシさんによみがえったのです。

涙も流さず、「マンガが終わるまで、テレビをトラックに積むのを待ってほしい」と願った少女の悲しみを、キヨシさんは痛いほどに理解したのです。

野良犬のように生きていた自分でしたが、「世間に負けず、強く生きよ」と拾われ、組織の中で強くなることで生き延びてきたキヨシさんが、思わず「弱者の側」に立った瞬間でした。取り立てにあう家族は、もう何日も前から怯え切ってその日を迎えたことでしょう。たとえ両親が揃っていたとしても、子どもに構うどころではなかったことは、その朝、少女が一人でテレビを見ていた状況からも想像に難くありません。

私は、キヨシさんがなぜ、この取り立ての話を詳しくするのかを考えていました。言葉の端々から、キヨシさんの心を受けとめようとしました。

武勇伝なら、ほかにいっぱいあったことでしょう。これは、キヨシさんがそこで生きてきた組織に反抗をした話にほかなりません。キヨシさんは、若い衆を連れて取り立てに行ったのに、失敗して帰る話です。失敗の原因は、キヨシさんの少女を見るまなざしでした。弱者の側に立ったキヨシさんは、そこに本当の自分を見たのではないでしょうか。窪寺俊之氏はこのように記しています。

「日常のわたしたちは仮面の自分で生きている。虚栄心・劣等感・嫉妬心などを持っているために、本当の自分を押し隠している。（中略）究極的自己とは本当の自分自身に出会うことであり、それを実感することで人間らしさ・自分らしさを獲得する機能を果たす。[*4]」

強くなければ生き延びられない組の組織の中で、期待に応えて精いっぱい自分を大きくし、強者の仮面をかぶって生きてきたキヨシさんは、少女に出会って、本当の自分——頼るものもない孤独で心細く弱い自分に出会ったのです。逮捕され、大部屋に収容され、悪性リンパ腫に罹り、医療刑務所に移送されて抗がん治療を受け、一時は危篤状態になり意識もなくなったが、「血小板輸血で生き返りました」と語ったキヨシさんは、どうしてもこの話をせずにはいられなかったのでしょう。

今、医療刑務所にいる自分は「本当の自分」であることをキヨシさんは自覚していました。背負っていた組の看板を下ろしたときに、幼少のころと同じ孤独で弱い自分がいたのです。しかし、弱さを自覚したキヨシさんには、自分を支える揺るがない土台が与えられていました。ミゲルさんを通して知らされた変わることのない母の愛と、洗礼によって与えられた神の赦しというキヨシさんの存在を根底から支える土台です。

4 神との和解――人生の苦しみにあうときに――

次頁の図は、窪寺俊之著『スピリチュアルケア学概説』に載る日本的スピリチュアリティの構造（窪寺モデル）です。[*5]

（わたし）を中心に水平方向に（友人・知人）また（文化・習慣）等が広がります。垂直方向には（超越的他者）・（究極的自己）があります。

人生の危機においては、スピリチュアリティが覚醒して機能し、（わたし）を支えるために危機に応じた新たな人生の土台を構築しようとします。

しかし、刑務所の中では水平方向に広がる諸要素は遮断されていますから、垂直方向に伸びる（超越的他者）、（神仏）また、下方にある（究極的自己）との関係修復をもってのみ、自己を支えることができる特殊な状況であると言えます。

人は幼いころから親や周囲の者によって愛され、守られて、他者への信頼を育んでいきます。無力な赤ん坊の自分を愛し、慈しみ、守り育ててくれる他者がいると知ることは、将来その子が自分の人生を肯定して生きていくための確かな土台となります。その土台があれば、たとえ人生の途上で苦しく過酷な時期が訪れたとしても、自分は見捨てられた存在ではなく、あたたかいまなざしが注がれている大切な存在であることを理解するようになります。

それでは、キヨシさんのように幼少のころから親や養育者によって愛され守られるという人生の土台を得る機会が少なかった者はどうなるのでしょうか。

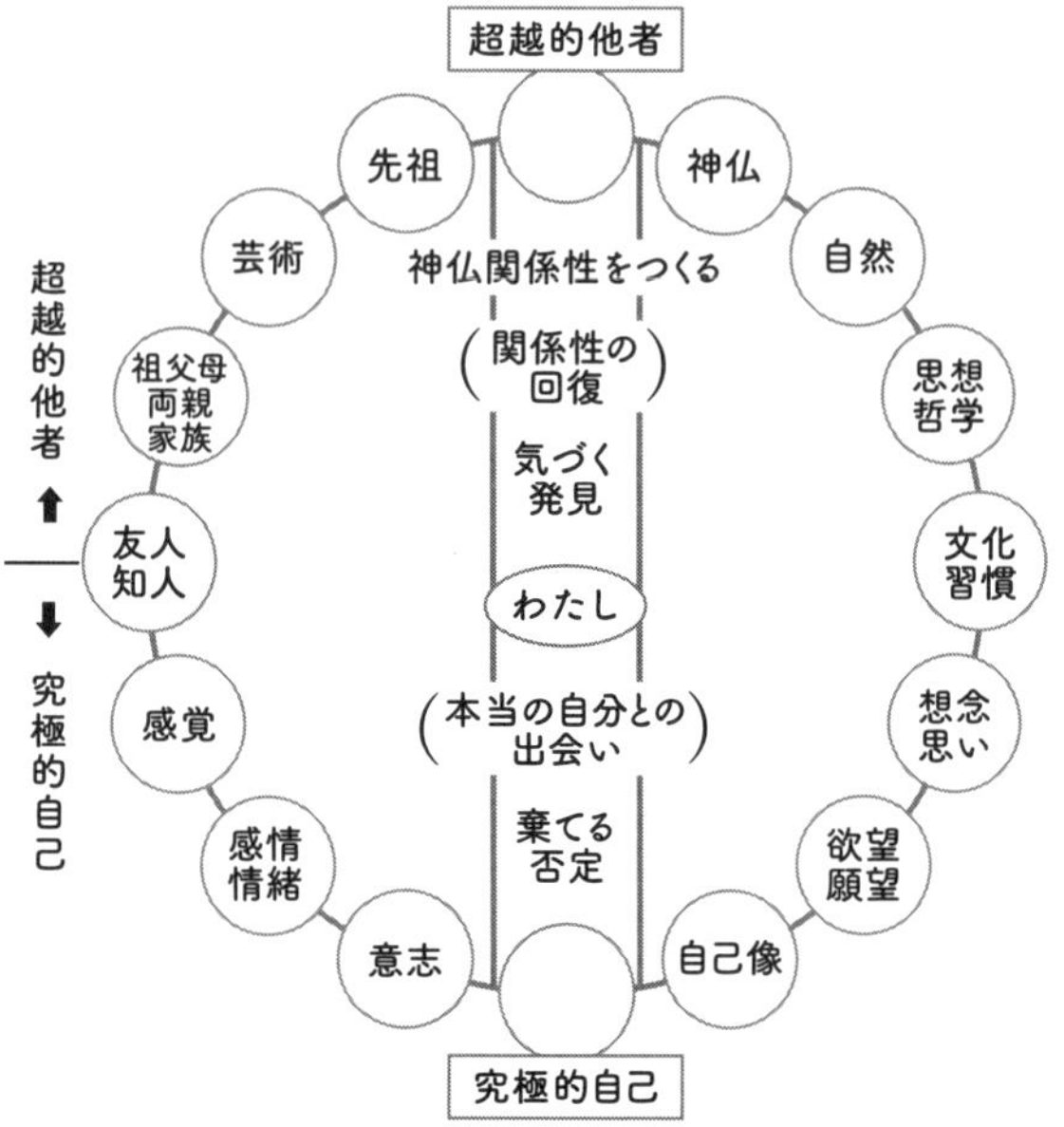

日本的スピリチュアリティの構造（窪寺モデル）

キヨシさんは、大部屋で同室だったミゲルさんが壮絶な闘病と心の痛みを経験した人生の過酷な時期を、人間を超えた存在が支えていることを目の当たりにしました。実はその過酷な時期こそ、人を超えた超越者が苦しむ者と共にいて、あたたかいまなざしを注ぎ、支え、愛し抜いてくださる特別な「時」なのです。

キヨシさんが病を得たときに真っ先に、ミゲルさんの信じた神との関係回復を切望したのも、そして命の危機に際して究極的自己（本当の自分）に出会ったのも、日本的スピリチュアリティの構造から説明できるように思います。人からの愛に飢え渇きを覚えた者が、試練の時に決して裏切ることのないものを強く求めることは、想像に難くありません。窪寺俊之氏は、「時間・空間を超えた視点から人生を眺め直す作業の第一歩」は、「人間を超えた視点、永遠的視点から自分自身を見直したり、あるいは普遍的視点から見直す作業である」*6と記しています。

洗礼を受けてからキヨシさんは、自分の生い立ちを語ってくれました。それはもうすぐここで死んでいく自分の「人生の意味」を時間的・空間的制約を超えて、永遠的視点から見つめ直す作業でした。言い換えれば、自分が生きた証しを、そして神を求め、赦された証しを聞かせくれたのだ、と私は感じています。私は語られるすべてを肯定しながら、受け容れ、心を寄せるようにしてお話を伺いました。今から思えば、もっと詳しくお聞きすれば良かったと思うこともあります。もう少し突っ込んで質問していたら、とも思います。

しかし、教誨とは相手からの言葉を待って、ただそれをリスペクトと愛を持って受け止めることだと、私は考えています。

教誨師は、ここでは被収容者のスピリチュアルケアをしている、ケアワーカーということができます。ケアする者は、ケアされる者と共に同じ地平にいて、相手の痛みに心を寄せて、言葉と思いを受け止めます。

被収容者は、一人の人間としての苦しみや葛藤を、ただ目の前にいる教誨師を信頼して話します。そこに分析や指導はありません。教誨師も、被収容者も、神の前には罪人であるのです。しかし、両者（教誨師・被収容者）の背後におられる神が、ここに働いてくださることを信頼して、私たちは教誨を続けます。

逆説的ではありますが、人生の苦しみに出会うときに、神への信頼はより深まります。

それは、命に関わる病や、魂の苦しみを体験したときに、より神と親しくなれるからです。「神などいるものか」、「神がいるならなぜこんなことになるのか」と感じていた自分に対し、それでも溢れる愛と恵みをもって、神や仏など人間を超越した存在が自分と共に歩んでくださっていることに気づくからです。この気づきは、視点の転換であり、スピリチュアルケアの中でも大切なポイントです。

窪寺俊之氏は、スピリチュアルケアは「患者（ここでは、被収容者）の人生が超越的存在・神的存在によって見つめられていることに気付くように援助すること」であり、人間の目から見た評価だけではなく、「神的存在によって生かされ、支えられてきたことを意識することである」[*7]と記します。

人間の目から見たら、被収容者はなにがしかの罪を犯し、実刑判決を受けた者です。しかし、視点を転換し、超越的存在・神的存在の目から見れば、ほかの人以上に、人生に痛みや辛さを背負った傷ついた存在にほかなりません。そこにこそ、神仏の慈悲、愛と恵みが溢れるのです。仏教で語られる悪人正機説、キリスト教で語られる罪人の赦しは、自分の弱さや罪を自覚したところにこそ与えられる一方的な恩寵です。

キヨシさんも、本当の自分に出会ったときに、超越的存在・神的存在を求めました。これは、今までの過酷な人生との和解であり、またこの世の命を超えて、滅びない命を与えると約束する「神との和解」であるということができるでしょう。

「恐れるな、わたしはあなたと共にいる」（旧約聖書　イザヤ書四三章五節、新共同訳）と言う神は、確かに刑務所の中にも、生きて働いておられると私は信じています。

注

1　教誨マニュアル編集委員会『教誨マニュアル』公益財団法人全国教誨師連盟、平成二十九年三月三十一日、二九頁。

2　加藤幹夫「かくも罪深い人間だからこそ」、『信徒の友』二〇一七年三月号、日本キリスト教団出版局、一四頁。
3　同誌、同頁。
4　窪寺俊之『スピリチュアルケア学概説』三輪書店、二〇〇八年、二三～二四頁。
5　同書、二五頁。
6　同書、三二～三三頁。
7　同書、六三頁。カッコ内は岸本の加筆。

苦しむ人・悲しむ人の支えとなるために
――死別体験者へのスピリチュアルケア――

清田直人

はじめに

大切な人との死別は、言葉では表現しにくいほどの苦痛や心の葛藤を引き起こし、心身に様々な変化をもたらします。このような死別に伴う悲しみのことを「悲嘆（グリーフ）」と呼びます。悲嘆はときに、「心臓が破裂してしまう感覚」（小此木啓吾『対象喪失』一九七九年）を感じさせるほどの苦痛をもたらしますが、これは病気や身体的な疾患とは異なるものです。強いて言えば、身体や感情にも影響を及ぼすスピリチュアルペインと呼ばれる苦悩（生きる意味や存在価値に関連した苦悩）の一形態と言えるでしょう。

死別体験者へのスピリチュアルケア（グリーフケアやグリーフカウンセリングを含む）の目的は、悲嘆や苦悩を完全に解消することではなく、死別体験者が故人のいない新しい現実に適応し、生きていく力を支援することです。そこで本稿では、大きく二つに分けて、死別体験者の支えとなるケアについてスピリチュアルケアの視点から探ってみたいと思います。まず1～4では、特に悲嘆が複雑化する危険因子をもった三人の死別体験者との関わりを振り返り、その悲嘆から回復するプロセスに焦点を当てます。そして5では、前半で触れた死別体験者との関わりを踏まえつつ、スピリチュアリティのはたらきやスピリチュアルペインの表出メカニズムを説明し、悲しむ人の支えになるスピリチュアルケアについて考えてみます。

1　グリーフカウンセリングルームを始めたきっかけ

私が勤めている病院では、年に二回（九月と三月）、合同の追悼式（追悼記念会）を行っています。ある日、案内状を送った遺族から次のような連絡を受けました。

「妻を亡くして一年も経っているのに、未だに人が集まる場所には行けません。ひとりになった家にもぜんぜん慣れなくて……自分の生活が別人のもののように感じるんです……朝起きると悲しくて辛くて……精神科にも電話したのですが、『それは病気じゃないから治療できない』と言われました……今も、人と会う元気はないのですが、だれかに話を聴いてもらいたいんです……」

私は、僅かな知識と浅い人生経験だけで遺族の期待に応えられるだろうか、という不安を抱えながら面談を引き受けました。初めてのグリーフカウンセリングは、終始、緊張と無力感を抱きながら、遺族が語る言葉に耳を傾けているだけでした。「傾聴に徹する」というと、聞こえはいいかもしれませんが、実際は、傾聴しているかどうかもわからないまま、ただそこにいたというのが正直なところです。しかし面談が終わると、その遺族は「久しぶりに妻と話せたような気がします」と言って笑顔で帰って行きました。

ロバート・A・ニーメヤーは、グリーフカウンセラーのことを「（コンサルタントでなく、グリーフワークという）旅の同行者であり、道中の不安を分かち合いながらグリーフを抱えた人と一緒に歩く存在」だと言っています。あくまで結果論ですが、私の経験の乏しさや自信のなさから、そばにいることしかできなかった態度は、亡き妻と共にいるような安心感と居心地の良い空間を作っていたのかもしれません。この経験がきっかけとなり、ＮＰＯ法人を立ち上げ、グリーフカウンセリンググルームを開設することになりました。開設当初は、当院のホスピス病棟で家族と死別した遺族を対象としていましたが、現在は病気だけでなく、事故や自死、ペットロスなどの死別に加え、健康、職場や学校の人間関係などで喪失体験をしている人もカウンセリングの対象としています。面談の回数や時間は、その都度ケア対象者と相談しながら決めています。

グリーフケアの分野では、大切な人を失った際にだれもが経験する悲嘆を「自然な悲嘆」と呼ぶのに対し、様々な精神疾患や身体疾患を引き起こし、長期にわたって日常生活に支障をきたす可能性がある「病的な悲嘆」のことを「複雑性悲嘆」と呼び区別しています。この「複雑性悲嘆」は、様々な心身症状（うつ病やＰＴＳＤ、高血圧や心疾患など）や社会的な問題（人間関係に支障をきたす、引きこもりなど）などの二次障害を引き起こす可能性があるため、ケア提供者は悲嘆が複雑化する危険因子に留意する必要があります。具体的には、次のようなものが考えられています。

①悲嘆者の性格（愛着が強いなど）
②うつ病など精神疾患の既往
③死別の仕方（自死、事故、犯罪、災害など死別準備の欠如）
④経済的困窮者
⑤複数の喪失体験
⑥ストレスフルな環境（職場、人間関係、家族関係など）

（ELNEC-J　コアカリキュラム　モジュール７　喪失・悲嘆・死別、参照）

〔ELNEC（The End-of-Life Nursing Education Consortium）とは、二〇〇〇年に米国のアメリカ看護大学協会（American Association of Colleges of Nursing: AACN）と City of Hope National Medical Center が共同して設立した、終末期の医療に携わる看護師に必須とされる知識修得のための教育プログラムのことで、その日本語版を ELNEC-J と呼びます。〕

グリーフカウンセリングでは、クライエント（ケア対象者）の悲しみに寄り添うだけでなく、できるだけ悲嘆が複雑化しないように注意しながら関わります。

2 「ある」と「いる」の違い――病気で娘を亡くしたヒロコさん――

ヒロコさん（仮名、三十代）は、十二歳の娘を小児がんで亡くし、死別から三か月後にカウンセリングルームを訪れました。一人娘を失ったヒロコさんは、生きる意味も見失っていました。ヒロコさんとのカウンセリング（週一回、六十〜九十分）は、約一年半にわたりました。初対面時のヒロコさんは、終始、涙を流すだけで何も語りませんでした。面談が進むにつれ、次第に娘と死別した前後のことを語るようになるのですが、内容は娘のことではなく、夫に対する不満でした。娘の闘病中、夫が仕事を口実にして一度もつき添わなかったことや、看取りの時でさえ仕事を優先し、結局、娘の最期には間に合わなかったこと、さらに娘と死別したわずか一週間後には何もなかったかのように復職し、三か月目には単身赴任で県外に行ったことなど、泣くばかりだったヒロコさんからは想像もできないほどの、激しい怒りと憎しみに満ちた表情で語り出しました。娘と死別する以前から夫に不満を抱いていたヒロコさんには、娘を失った悲しみだけでなく、本来であれば死別の悲しみを共有し支え合えるはずの夫にも見放されたという「複数の喪失体験」があり、孤独感と絶望感に苦しんでいたのです。

私は、ヒロコさんの複雑性悲嘆の危険因子に焦点を当て、まずは娘の喪失に向き合う環境を整えることを目指しました。そのためには、夫に対する怒りや憎悪に満ちたヒロコさんの言葉に対し、否定も肯定もせず、怒りの奥にある悲しみを感じながら傾聴し続ける必要がありました。私は、ヒロコさんが娘について語るのにふさわしい時が訪れることを信じ、待つことにしました。

カウンセリングを始めて一か月が経過したころ、ヒロコさんは娘との思い出を話すようになりました。娘を十二年間しか生きられない身体に産んでしまったこと、欲しがっていたおもちゃを買ってあげなかったこと、小学生になったころには以前の職場に復職し、帰宅が遅くなったことで娘に不安を感じさせてしまったことなど、涙を流しながら語り、娘のいない現実と向き合い始めていきました。さらに半年後、娘の写真や娘が描いた絵、日記、作文などを見せながら話すようになり、穏やかな様子で面談に来るようになりました。こうして、ヒロコさんは自然な悲嘆プロセスの中で、グリーフワークを進めていけるようになりました。

カウンセリングに通い始めて一年半が経ったある日のことでした。ヒロコさんは、まるで会社に出勤するかのようにフォーマルな服装で面談室に現れ、これまでに見せたことのない明るい表情で話し始めました。

「一週間前、初盆の時も一周忌の時もお参りを断ってた娘の親友が二人来たんです。『どうしても〇〇に会いたいからお願いします』と言われて……。娘が『死んで』もう一年半以上も経ってるし、さすがに断ることができませんでした。それで彼女たちを仏間に案内して、私はお茶菓子の準備をしてたんです。そしたら、仏間から彼女たちが笑いながら話してる声が聞こえてきたんです。そこには二人しかいないはずなのに、娘も一緒にいて、三人で話してるみたいだったんです。そのとき、子どもさんを亡くされた方の言葉を思い出したんです。その方は『今のあなたにはわからないだろうけど、〝ある〟ということと〝いる〟ということとは全然違うのよ』と言ったんです。全く意味がわかりませんでした。でも、彼女たちの会話を聞いて、突然、その言葉の意味がわかったんです。わかったというか、何と言っていいか……とにかく納得できたんです。そしたら急に涙が出てきて、娘は『死んだ』から永遠にその姿は『ない』ままなんだけど、今もこれからも『いる』んだと思えるようになったんです。」

この日、ヒロコさんは初めて娘に対して「死んだ」という言葉を使いました。一年半もの間、一度も「死」という単語を使わなかったので、私はとても驚き、そのことを伝えました。すると、ヒロコさんはニコニコしながら、

「はい、わざと『死』という言葉を使いました。今までは使えなかったんです。でも、今は、普通に『死んだ』って言えるようになったんです。たぶん、娘が『いる』って思えるようになってからだと思うんですが……自分でも不思議なんですが……今も、ふとした瞬間、涙は出るんですけど、ただ、今までとは違う感じなんです。娘が生きて『いた』時と同じような感覚というか……もう大丈夫かな、って、思えるようになりました。だから、今日でカウンセリングを卒業できそうです」

と答えました。こうして約一年半続いたグリーフカウンセリングは、ヒロコさん自身が自らに卒業証書を渡すかたちで終了しました。

私は、ヒロコさんが娘の友人らとの関わりから「ある」と「いる」の違いを実感した話を聴きながら、あらためて人が生命だけでなく、関係性の中で生き続けていく存在でもあることを教えられました。また、現代日本語の「ある」と「いる」に含まれた絶妙な意味合いにも驚かされました。私たちは普段、ほとんど意識することなく、「ある」と「いる」を使い分けています。たとえば、ペンや机などの物質的なものには「ある」(「ペンがある」など)を使い、人や動物など生きて動くものには、「いる」(「人がいる」など)を使

っています。しかし、人や動物などに対しても「ある」「ない」を使うときがあります。それは生命がなくなったり、対象そのものを主語とせず、対象の一部を主語にしているときです。たとえば、「ご遺体が『ある』」や「娘の『姿』が『ある』」などの場合です。このとき、「ご遺体が『いる』」や「娘の『姿』が『いる』」とは言いません。

次に、「ある」と「いる」の視点から、死別体験者のグリーフワークを見ていきたいと思います。

死別体験者の多くは、故人が亡くなったことに対し、まず故人の姿形が「ない」という喪失感を抱きます。ですから、故人の姿を様々な場所や他人の中に探したり、故人が着ていた服の匂い、大切にしていたものなどに触れながら故人の姿形を確認しようとしたりするのです。私たちがいかに普段から五感に頼った生活を送っているかがわかります。ヒロコさんは、娘と死別してから一年半以上もの間、亡くなった娘の姿形が「ない」ことにとらわれていました。しかし、娘の友人たちがお参りに来た際、仏間で娘の姿形ではなく、「存在」を感じながら楽しそうに会話している様子を見て、ヒロコさんにも娘の存在（娘が生きていた時と同じ感覚）がよみがえり、そばに「いる」ことを感じられるようになったのです。

この体験はヒロコさんに、娘がいるという「存在」を感じさせるだけでなく、生物的な生命の「死」をも認めさせていったと思われます。人間とは、「肉体（生物的生命）」が「ある」という姿形を生きていると同時に、「スピリチュアリティ（根源的いのち）」として、「いる」という「関係（つながり）」を感じながら生きている存在だとも言えます。もしかすると多くの死別体験者が、「（故人が）死んで姿は見えなくなっても、いつも自分のそばにいて見守ってくれているような気がする」と語る根拠がここにあるのかもしれません。

死別とは、故人との「姿」の喪失体験であると同時に、「関係（つながり）」の喪失体験です。五感で確認できていた「姿」が、「ある」世界から「ない」世界へと移行する体験であると同時に、存在を感じていた

「関係（つながり）」からもたらされる「いる」感覚から「いない」感覚へ移行する体験なのです。

また、この「ある」と「いる」の対義語を比較してみると、とても興味深い点があることに気づかされます。「ある」と「ない」は、それぞれがすでに単語として成り立っており、不可逆的なイメージがあるのに対して、「いる」と「いない」は、どちらにも「居」という単語が含まれていることから、どこか可逆的なイメージがあります。こうした対義語の違いからも、死別の受容というのが、単に故人の姿形が「ない」という不可逆的な現実を認められるようになるだけでなく、故人が生きていたときに感じていた「いる」という「関係（つながり）」を再び感じられるようになることだと理解することもできます。

3 「死にたい」という「偽りの希望（偽りの絶望）」
――事故死で夫を亡くしたリツコさん――

交通事故で夫を失ったリツコさん（仮名、五十代）は、死別後、半年以上が経過していました。彼女は過去に心療内科や精神科を受診した経験がありましたが、「病院では、十分な時間を取って話を聴いてくれなかったから」と、カウンセリングを希望しました。リツコさんは毎回、同じ服装で面談室に現れました。夫と死別するまで、デパートのアパレル店で働いていた彼女にとって、自身の変わり果てた姿は、受け入れがたいものだったに違いありません。視線を合わせず、身を縮めるように座るリツコさんでしたが、長年の接客経験からか、常に口元だけは微笑んでいました。しかしその微笑みとは対照的に、彼女の口から発せられる言葉はきわめて重たいものでした。

夫は、仕事が終わったリツコさんを迎えに行く途中、交通事故に巻き込まれました。リツコさんは、約束の時間に夫が現れず、夫と連絡もつかぬまま、気がつけば病院の入り口に立っていたということです。当時の出来事に関しては断片的な記憶しか残っていませんでした。夫の火葬が終わり、帰宅すると、見慣れた部屋に、見慣れぬ祭壇が飾られていました。夫の遺影と骨壺をその場に置いた瞬間、リツコさんはまるで雷に打たれたかのような衝撃を受け、我に返ったそうです。一週間が過ぎるころには、社会人の息子と中学生の娘には日常が戻っていました。しかしリツコさんだけが、夫と死別した日から時間が止まったままでした。夫がいない不安や寂しさ、そして「自分が迎えに来させなければ、夫は死なずにすんだのに……」といった後悔と自責の念に悩ませられ続けていました。そして、

「夫がいない人生に意味はないし、もう希望も何もない。生きてることが絶望だから早く死にたい」

「夫と死別してから何度、車で海に飛び込もうと思ったかわからない」

と、死を仄《ほの》めかす言葉を発しました。

「実は……毎晩、寝る前に自殺の本を読んでるんです。そこには、いろんな自殺の仕方が書いてあって、読んでると楽になるんです……私は首吊りに決めています。」

突然の告白に、私は言葉を失いました。リツコさんは私の反応を見ながら言いました。

「一日も早く自殺したいんです。」

全身に緊張が走りました。気持ちを落ち着かせるべく、心の中で深呼吸する自分の姿をイメージしました。私は、リツコさんの自殺願望には、「死ぬこと」だけでなく別の願望もあるのではないかと考えました。もしリツコさんが今すぐにでも自殺遂行を考えているのなら、止められる危険を冒してまでわざわざ話をするだろうか、それ以前にカウンセリングそのものを希望しただろうか……など次々と疑問が湧いてきました。だからといって、絶対に自殺しないという保証はどこにもありません。私は細心の注意を払いながら、「首

吊り」を選んだ理由を尋ねました。リツコさんは活き活きした表情で、自殺の本で学んだことを私にレクチャーしつつ、

「あとは実行するタイミングだけなんです。半年後、娘の受験が終わってからと考えています」

と答えました。私は半年も猶予があることを知り、安堵しました。そして気持ちに余裕が出てきたのか、思わず「リツコさんにとって、自殺は何をもって成功したと言えますか?」と尋ねました。リツコさんは、

「失敗せずにちゃんと死ねたことでしょうか……」

と顔を曇らせながら答えました。私は、本気で自殺を望んでいるにしては考えが甘いことを指摘しました。そして今後は、面談のたびに「自殺計画書(リツコさんが名づけた)」を提出し、リツコさんが作成してきた自殺の内容を一緒に検討していくことを提案しました。そしてその計画書が両者の納得できる内容でないかぎり、決して自殺を実行しないというルールも作りました。

リツコさんは、まるで大学のゼミで課題に取り組む学生のように、毎週きちんと自殺計画書を作成し発表しました。自殺を実行する日時や場所、どのタイミングで発見され、その後、だれが何をしなければならないのか、死後の手続きやそのために準備しておかなければならないことなど、発表するたびに私からいくつもの指摘が入りました。こうしたやりとりが約二か月間続きました。いっこうに完成の目処が立たないので、リツコさんは「自殺計画書」作りの休止を求めました。

「いったん休憩に入ります。こうも毎晩、リアルに首吊りをイメージして、その周囲のことをあれこれ考えたり調べたりしてると、さすがに疲れました。『命』がいくつあっても足りません……変な約束するんじゃなかった。」

「これまでの病院やクリニックでは、ほんの少しでも自殺を仄めかすと、『自殺は絶対しないと約束してく

ださいね。できないならうちでは診ませんと言われてきました。自分が全否定された感じがしたし、逆に追いつめられました。だから通院をやめたんです。でも、ここでは自殺の話をしても、一回も自殺するなって言われなかった。それどころか、どうかすると、私より真剣に自殺することを考えてくれた。私のすべてを許してくれている感じがして嬉しかった。」

この日を境に自殺関連の話題は減り、面談で語る内容も娘の学校生活や今後の生活や仕事のことに変わっていきました。面談を始めて約一年が過ぎたとき、リツコさんの再就職が決まりました。

「これからも夫のことを思い出すと悲しくなると思います。でも、死にたい気持ちにはならないような気がします。悲しさから苦痛が消えた感じです……悲しさから寂しさに変わったというか……ちゃんと伝えられないかもしれませんが、上手に悲しめるようになった感じです。」

リツコさんはかつての日常でもあった、店員が見せるような丁寧なお辞儀をすると、今までに見せたことのない笑顔で面談室を後にしました。

人は苦悩すると、しばしば「死にたい」と訴えます。しかし、その多くは、「死」そのものを目的とした訴えではなく、「苦痛から解放されて楽になりたい」といった逃避願望や、受容しがたい「人生（自分）」を否定する手段としての訴えです。それは、「死にたい」と訴える人の多くが、その要求（「死なせて」「殺して」）に答えてほしいのではなく、「死にたい」と訴えずにはいられない気持ちに応えて（寄り添って）ほしいと願っていることからもわかります。つまり「死にたい」という訴えは、「より良く生きたい」気持ちの逆説的な表現であり、できることならば「死にたい」と言わずにすむ「人生」を望んでいる表現なのです。それゆえ、「死にたい」という訴えは、その人にとっての「真の希望」ではなく、「偽りの希望」にすぎないのです。しかし偽りとはいえ、希望がある以上、それはいまだ「真の絶望」にいたっていない状態です。言い換えれば、「死にたい」という「偽りの希望」を持っている人は、何とか「偽りの絶望」に踏みとどまっている人でもあるのです（「真の絶望」とは、生きる希望はおろか死ぬことにさえ希望を見いだせない状態だと言えます）。ですから、人が「死にたい」と訴えるときとは、その人が「死ぬこと」だけでなく、その背後に「より良く生きていきたい」といった強い希望が隠されていることも理解しておく必要があります。

リツコさんは、生きる意味を喪失し、自責の念や後悔によって「心理的な狭窄」に陥ってしまい、「首を吊って死ぬことに決めている」という強い自殺願望を訴えていました。それはリツコさんにとっての「偽りの希望」でした。しかしリツコさんにとって、それがたとえ「偽り」だったとしても、すぐにでも消えてしまいたい自分が何とか生きていくための、緊急避難（その場しのぎ）的な「希望（支え）」になっていたのも事実です。リツコさんのような、生きる意味を失い「死にたい」と訴える人に、「自殺は良くない」といった正論や、どれだけ素晴らしい「生き方」や「死に方」について教え諭しても、自身の「死にたい人生」を引き受けて生きる力にはなりません。リツコさんのような「死にたい」と訴える人の支えになるのは、「死にたくもないし、生きたくもない」といった矛盾と葛藤に苦しむあるがままの姿を、無条件に肯定し、受容してくれる存在との関係性なのです。

「死にたい」という気持ちに対処するためには、単に「なぜ死にたいのか」という「死」に焦点を当てるだけでなく、「もし生きていく価値があると感じる状況や姿があるとしたら、それはどのようなものか」という「生」に焦点を当てることも非常に重要です。心理的な視点をわずかに変えるだけでも、死に対する考えや態度を柔軟にすることができるからです。また、「死にたい」気持ちが「絶望」に起因しているのではなく、実は「より良く生きたい」気持ちの裏返しによるものであることに視点を置くことも大事です。それにより、「死にたい」気持ちの背後に「真の希望」をもっていることに気づかされ、「死にたい」と思う罪悪感からの解放が期待できるからです。また「真の希望」は、個人の「価値観」や「信念（ビリーフ）」と深く結びついているので、たとえ「真の希望」が実現できない状況でも、他者や神仏などとの関わりを通して、自身の価値観や信念が認められたり、受容されたりする経験そのものが、「生きる力」の支えになるのです。

リツコさんの起死念慮や自殺願望は、悲嘆が複雑化する危険因子になっていました。本来であれば医療機関によるサポートが必要な状況でしたが、本人は受診を拒んだため、全責任が私にのしかかりました。そのため、私はリツコさんが受診していた医療機関と連携し、最悪の事態を回避するための対策を講じることによって、自分自身の精神的な負担を軽減させていたことを最後に付け加えておきます。

〔自死の危険性については、常に細心の注意を払っておく必要があります。また、ケア提供者は、いつでも精神科や心療内科などの医療機関と連携が取れる体制を整えておくことが重要です。〕

4 「避けられない後悔」と「避けられたかもしれない後悔」
――自死で婚約者を亡くしたケンスケさん――

会社員のケンスケさん（仮名、三十代）は、仕事を終えて帰宅すると、自分の部屋で首を吊って亡くなっている婚約者を発見しました。新宗教団体の信者だったケンスケさんは、翌日、自らが所属する教団へ相談に行き、代表からお祓《はら》いの宗教儀式を受けました。その翌日、ケンスケさんは一睡もできないまま出社し、上司に今後の動向について相談しました。上司は心療内科の受診を勧め、一か月間の休職を命じました。

死別から五日後、ケンスケさんは県外の両親と弟が住む実家に戻りました。帰省後も深刻な不安感と不眠が続くため、近所の精神科を受診しました。ケンスケさんは医師から「死別による喪失感は病気ではなく、単なる症状の対処だけでは不十分です」とアドバイスを受け、グリーフカウンセリングを勧められました。先に医師から面談依頼を受けた私は、わずか一か月間で何ができるのか、目標も何もイメージできないまま面談に臨むことになりました。

母親とともに来院したケンスケさんは、極度に疲れており、無精髭が生えていました。母親がケンスケさんの代わりに近況を語りました。婚約者と死別してから、食欲が減退し、夜間もほとんど眠れず、時折手が震えるようになったことなど、一通り語り終えると、母親は一旦、退室しました。その間、ケンスケさんは微動だにせず、テーブルをじっと見つめていました。私はケンスケさんに対して、「お疲れでしょうから、無理に話す必要はありません。話したいときに話していただければ、それで十分です。ご安心ください」と声をかけました。長い沈黙の時間が流れましたが、初対面であるにもかかわらず、その無言の静寂さに居心地の悪さを感じることはありませんでした。やがてケンスケさんは下を向いたまま、小さな声で婚約者との死別時の出来事について語り始めました。

「彼女を殺したのは僕です。彼女から何度も『死にたい』とメールが来てたんですが、またいつものかと思って……その日に限って……初めて無視したんです……何回も電話がかかってきたのに……僕は仕事を言い訳にして無視し続けたんです。もしあの時に無視していなかったら、電話に出てたら、彼女は死なずにすんでたはずなんです……殺人犯は逮捕されるのに、僕はのうのうと生きてるんです。……すぐに（所属している宗教団体の指導者に）お祓いの儀式をしてもらったんですけど。正直、僕は赦されなくてもいいんです。とにかくどうしたらいいのか……もう、どうしたいのかもわかりません。」

ケンスケさんは、何度も死んで詫びようと思ったが実行できなかったこと、婚約者の両親に合わせる顔がないこと、手紙を書こうと思っても手が震えて書けなかったこと、急に息が苦しくなって何もできなくなることなど、先ほどまでの沈黙がなかったかのように、一方的に話し続けました。私は、ケンスケさんが語る苦悩に満ちた体験に圧倒されたまま、気持ちを近づかせることができないまま、最初の面談を終えました。

一週間後、前回と全く同じ黒い上下のジャージ姿で来院したケンスケさんは、婚約者のことを中心に話し出しました。婚約者は、交際当初からケンスケさんに対する束縛が強く、昼夜問わずメールや電話で居場所を確認してきました。そして「今すぐに来てくれないと、死ぬ」と自殺を仄めかすことを言っては、ケンスケさんの愛情を試すようなことを繰り返していました。ケンスケさんは、束縛や強要することでしか愛情を確認できない婚約者を不憫に思い、一生をかけて守ってあげなければならないという気持ちが強くなり、婚約しました。しかし、婚約後も彼女の束縛はますます過激になりました。そしてケンスケさんは、婚約者からの「かまって」メールや電話に苛立ってしまい、初めて完全に無視をしてしまったというのです。

「僕の中に、彼女以上に彼女のことをわかっているという慢心があったんです……もしあの時に戻れるんだったら、いつものようにするのに……僕は彼女を助けるどころか彼女を死なせてしまったんです……取り返しがつかないことをしました……」

「彼女は、僕のせいとはいえ、自分で命を絶ったから、今ごろ地獄で永遠の苦しみを受けているんだと思います。それを思うと、息ができなくなるんです……」

「牧師として教えてください、彼女は今、どこにいるんでしょうか……自殺したからやっぱり地獄なんでしょうか……」

ケンスケさんとの面談は、県外の自宅に戻るまでの一か月間と期間が決まっていたので、今回を含め、残り二回しかありませんでした。私は、このままカウンセラーとして傾聴に徹するべきか、あるいは牧師として自分の信仰を語るべきか迷いました。他宗教とはいえ、ケンスケさんには、神の愛や贖罪といったキリスト教についての知識や理解があったので、信仰の「押しつけ」にならぬよう細心の注意を払い、牧師として介入することにしました。私が「○○さん（婚約者）を愛していますか」と尋ねると、ケンスケさんは、間髪入れずに「はい」と答えました。続けて「では、人間と神様とでは、どちらのほうが大きな愛を持っていると思いますか」と問うと、ケンスケさんは躊躇《ためら》うことなく「神様です」と答えました。私は、「私もそう思います。聖書にも『愛は多くの罪を覆う』（新約聖書 ペトロの手紙一、四章八節、新共同訳）とあります。私は、人が持ち得ないほどの愛を持っておられる神様が、ケンスケさんや○○さん（婚約者）を苦しませるとは思えないんです。それが、『神は、その独り子をお与えになったほどに、世を愛された』（新約聖書 ヨハネ福音書三章一六節、新共同訳）と語られている福音の意味だと思うんです」と言いました。ケンスケさんは下を向いたまま、声を抑えて泣いていました。

私はケンスケさんとともに、婚約者のたましいが赦され、神の御手に包まれていることに感謝する祈りをささげました。祈りが終わっても、しばらくの間、椅子から立ち上がることができなかったケンスケさんは、母親にもたれかかるようにして帰って行きました。

最後のカウンセリングに訪れたケンスケさんは、まるで別人のようでした。髪は整えられ、髭もきれいに剃られ、ジャージ姿から清潔感のある服装に変わっていました。ケンスケさんは、わずかながらも食欲が戻り、入浴できるようになったなど、「大きな変化があった一週間」を過ごせたと語りました。依然として食事の時に「美味しい」と思ったり、入浴時に「気持ちがいい」と感じたりした瞬間に罪悪感が胸に迫ることもあるそうですが、婚約者が神に赦され、天国にいるという「希望」に目を向けることで、次々と押し寄せる不安や苦しみを、婚約者に対する罪の償いとして受け入れられるようになってきたと語りました。しかし、婚約者が自死する前に送ってきたメールや電話を無視したことに対する後悔は、悲しみというより自己への怒りとしてなかなか受け入れられないと述べました。

しかし、ケンスケさんは、こうした「取り返しがつかないことをしてしまった」後悔や苦しみに対し、「一生、抱え続けていかねばならない自分の十字架として、引き受けていく覚悟を決めました」と、受容できない自分自身をどうにかしようとするのではなく、そのあるがままを引き受けて生きていく決意を持つまでになっていました。さらに、しばらく母親が一緒に生活してくれることで、予定どおりに復職する勇気が出てきたことや、連絡を取っていない婚約者の両親に対し、父親が自分の代わりに謝罪の手紙を書いてくれたことなど、家族の協力によって気がかりだった問題をひとつひとつ解決していっていることも、ケンスケさんにとって「大きな変化」をもたらす一因となっていました。今後はメールでのカウンセリングを約束し、面談を終了しました。


「後悔」とは、望まない結果に直面したとき、その結果を招いた自身の選択や決断に対する負の感情を指します。したがって、後悔は単に結果そのものにではなく、その結果のきっかけとなった自身と深く結びついている感情と言えるでしょう。そのため、たとえ同じ「望まない結果」を経験しても、その人の内省の仕方、自身の価値観や信念が異なることで後悔の内容も異なってきます。こうした特性を持つ「後悔」について、ここでは「避けられない後悔」と「避けられたかもしれない後悔」との二つに分けて考えてみます。

まず、「避けられない後悔」ですが、これは、老いや病気、死といった回避できない出来事に対して、自身の選択や判断、行動などによってそれを回避できたかのような錯覚を抱いて生まれる後悔です。たとえば、普段から健康を気遣って、検診を受けていたにもかかわらず、がんを発症してしまった場合にいだく、「なぜこんなにも注意していた私が、がんにかかってしまったんだろう……」などといった感情です。こうした

「避けられない後悔」は、多くの人が経験する事柄に対して抱く負の感情であるため、比較的受け入れやすく、自然な悲嘆の過程を経て、徐々に回復していきます。

一方、「避けられたかもしれない後悔」は、ケンスケさんが「もしあの時に（婚約者からの電話やメールを）無視していなかったら、彼女は死なずにすんだはずなんです……」と語ったような、自身の選択や判断によって引き起こされた望まない結果に対する後悔を指します。この種の後悔には、自分の選択や判断が明確で具体的であり、他の要因が介入する余地も少なく、全責任を自らに負わせやすいという特徴があります。さらに、結果が「死」という不可逆的な出来事だった場合、未来に希望を抱くことが難しいだけでなく、過去を振り返っては「避けられたかもしれない」という選択や判断を繰り返し想像するため、強烈な自責感や罪悪感を生み出します。それゆえ「避けられたかもしれない後悔」は、グリーフワークを長期化させ、日常生活に支障をきたす「複雑性悲嘆」の危険因子のひとつとしてとらえることができるのです。

ケンスケさんは、自死による死別体験に加え、婚約者への深い愛着や宗教的苦悩といった要因から、複数の「避けられたかもしれない後悔」を抱えており、悲嘆が複雑化しても不思議ではない状況でした。しかし婚約者との死別直後に精神科を受診し、休職手続きを行い、家族のサポートを受けながらグリーフカウンセリングにつながるという理想的なポストベンション（事後対応）が実施されました。周囲の支えと迅速な対応は、ケンスケさんにとってどれほど大きな助けとなったことでしょう。ただし、これによって悲嘆が消失したり、死別前と全く同じ状態に戻ったりするわけではありません。ケンスケさんは、今後も支えになってくれる（グリーフワークという）「旅の同行者（家族、専門家、友人、神仏など）」と共に、自身の人生を引き受けて生きていく力を育んでいくのです。

ここまで、特に悲嘆が複雑化する危険因子を持つ死別体験者との関わりに焦点を当てて見てきました。悲嘆を経験している人は、故人との別れに伴う悲しみだけでなく、故人のいない新しい現実において、生きる意味や目的の喪失によって生じるスピリチュアルペイン（実存的な苦悩）も抱えています。そのため、ケアに携わる人は、心理カウンセリングの分野で重んじられている傾聴や共感といったスキルやケア態度だけでなく、答えのない状況下で苦悩するケア対象者と共にいる決意と忍耐、そしてケア対象者を信頼し、希望を持ち続けながら関わるスピリチュアルケアの重要性を認識しておく必要があります。

5　苦しむ人・悲しむ人の支えとなるために——スピリチュアルケアとは——

(1) スピリチュアリティとは

ここからは、スピリチュアルケアの視点から死別体験者の支えになることについて考えてみたいと思います。わが国では、公的に認められたスピリチュアルケアの明確な定義が存在しません（二〇二三年現在）。そのため、医療、宗教、教育などの様々な分野の研究者や臨床家が、それぞれの立場から定義を模索している状況です。そこで本項では、まずスピリチュアリティとスピリチュアルペインについて、一般的な見解を紹介し、私自身の臨床経験を踏まえながら、死別体験者に対するスピリチュアルケアの具体的な定義を提案してみたいと思います。

まずＷＨＯはスピリチュアリティについて、

「人間として生きることに関連した経験的一側面であり、身体的感覚的な現象を超越して得た体験を表す言葉」であり、「身体的・心理的・社会的因子を包含した人間の『生』の全体像を構成する一因子」

と定義しています。

また窪寺俊之氏は、

「スピリチュアリティとは、人生の危機に直面して生きる拠り所が揺れ動き、あるいは見失われてしまったとき、その危機状況で生きる力や、希望を見つけ出そうとして、自分の外の大きなものに新たな拠り所を求める機能のことであり、また危機のなかで失われた生きる意味や目的を自己の内面に新たに見つけ出そうとする機能のことである」

と定義します。これらの定義から、スピリチュアリティは、人が唯一無二の自己（自分らしく）として生きる力を、自身の内面や他者（神仏、超越的な存在を含む）との関わりから見いだそうとする重要な役割を果たしているものだと理解できます。私は特に、この自己を内外の「関係に関わらせる」はたらきこそが、スピリチュアリティの重要な機能のひとつであると考えています。

「スピリチュアリティ」の語源を調べてみると、それが「風」や「息」の意味を持つ「スピリタス」というラテン語に由来しており、新約聖書に出てくる「プネウマ」というギリシャ語の翻訳に使われていることに気づかされます。また「プネウマ」は、旧約聖書の「ルーアハ」や「ネシャーマー」というヘブライ語に関連する単語です。たとえば、創世記二章七節、「主なる神は、土（アダマ）の塵で人（アダム）を形づくり、その鼻に命の息を吹き入れられた。人はこうして生きる者となった」に記されてある「息（ネシャーマー）」は、七十人訳聖書では「プネウマ」と同義の「プノエー」というギリシャ語に訳されています。まるで「スピリチュアリティ」は、「風」や「息」のように目で見ることはできなくても、様々な現象からその存在を認めることができ、また人が生きていくうえで必要不可欠であることを示唆しているようです。さらにスピリチュアリティの重要なはたらきでもある「関係に関わらせる」という視点からこの箇所を読むと、人が「生きる者」になるとは、生物的な生命があることに加え、神が吹き入れた「息（スピリチュアリティ）」で結ばれている「関係」に「関わっていく」ことだと解釈することもできそうです。

このように、人は自己（価値観や信念など）や他者（神仏や超越的な存在などを含む）との「関係に関わらせる」スピリチュアリティのはたらきによって、生きる意味や目的を発見する機会が与えられている存在だと理解することができます。一方、そうしたスピリチュアリティのはたらきゆえに、人は生きる意味や目的を見いだせなかったり、自他との関わりによって罪責感や虚無感などが生じたとき、自らの存在価値や尊厳を損ない、「スピリチュアルペイン」と呼ばれる苦悩を経験するのです。

(2) スピリチュアルペインとは

スピリチュアルペインは、主に終末期医療の分野で用いられる、心の苦悩を表す概念のひとつです。村田久行氏は、それを「自己の存在と意味の消滅から生じる苦痛——無意味、無価値、空虚など——」と定義しています。この定義からわかることは、スピリチュアルペインが終末期の患者に限定されるものではなく、いのち（自分自身）の外側に存在価値を見いだして生きている人々も例外ではないということです。たとえば、社会的な役割、地位、財産、所有物などに依存し、そこに存在価値を見いだしている人を想像してみましょう。彼らは、それらを失ったとき、たとえ健康で何不自由ない生活を送っていたとしても、生きる意味を見いだせなくなり苦悩することがあります。これは、人が生命よりも大切なものによって生かされていることを表しています。同様に、多くの死別体験者も、故人との関係が失われることで「自分の人生に意味がない」、「残りの人生をどう生きていけばいいかわからない」、「早く死にたい」といった悲嘆とともに、人が生きるためには生命だけでなく、生きる意味や目的も必要であることを体験させられるのです。さらに死別の場合は、大切な対象を失うだけでなく、その対象との「関係に関わる」ことで確立していた自身の生きる意味や存在価値をも失うことになります。たとえば、夫を亡くした妻は、夫とともに妻としての自分を失っているなどの場合です。このように、死別体験とは、対象喪失とともに自身の生きる意味や存在意義の喪失というスピリチュアルペインをも包含していることがわかります。

人は危機に直面した際、しばしば「こんなはずではなかった」「これは本来の自分ではない」といった感覚に陥り、まるで普段から常に「自分らしさ」や「本来の自分」を自覚していたかのような錯覚を起こすことがあります。しかし、実際には、危機が顕在化させた「現実の自分」を受け入れることが難しく、その姿を「自分らしくない」と拒絶しているにすぎません。さらに、危機によって覚醒したスピリチュアリティは、自己を自己の内（信念や価値観）や外（他者や神仏、超越的な存在など）との「関係に関わらせ」、自身に「自分らしさ」や「理想とする自分」などについて深く考えさせる役割を果たします。そのときに「自分らしさ」や「理想とする自分」の姿を思い描けなかったり、思い描けても実現する可能性や希望を見いだせなかった場合、「生きる意味がない」「早く死にたい」などのスピリチュアルペインを経験するのです。

⑶　スピリチュアルケアとは

スピリチュアルペインに苦しむ死別体験者は、愛する存在の喪失とともに自身の生きる意味や希望も奪われ、できるかぎり早くこの世を去りたいと願いながら、今を必死に生きている人々です。このような方々に対する、「故人は天国に行ったんだから、いつまでも悲しむ必要はない」「あなたはまだ生きているのだから、ちゃんと今後の人生を考えないと、故人が心配するよ」などの正論や助言は、慰めになるどころか、「だれも自分の気持ちをわかってくれない」といった孤独感や、助言どおりにできない申し訳なさ、不甲斐なさを感じさせるだけです。彼らの多くは、自身の悲しみを取り除いてほしいのではなく、むしろ悲嘆を認め、受容し、安心してグリーフワーク（喪の作業）が行えるように寄り添ってくれる人を求めているのです。つまり、「転ばぬ先の杖」ではなく、たとえ転んでも立ち上がる力を信じ、そばに居続けてくれることを求めているのです。これこそが、スピリチュアルケアの本質なのです。そこで、ここでは死別による悲嘆者に向けたスピリチュアルケアを、次のように定義してみたいと思います。

スピリチュアルケアとは、
ケア対象者（悲嘆者）が
あるがままの自己（人生）を
引き受けて生きていく力の
支えになること

スピリチュアルケアでは、ケア対象者を「支える」ことではなく、ケア対象者の「支えになる」ことが大切です。なぜなら、どれだけケア提供者が「支えた」つもりでいても、ケア対象者が「支えられた」と感じなければ、ケア提供者による一方的な「押しつけ」になったり、自己満足で終わってしまったりすることがあるからです。また、どれだけ「支えられたい」と願っても、必ずしもその相手が支えてくれるとは限りません。このように、スピリチュアルケアとは、支えるでも支えられるでもなくケア提供者とケア対象者との信頼関係によって生成された「支えになっている」相互性なのです。そして、ケア対象者は、自身の生きる力の「支えになっている」存在さえいれば、たとえ受け入れ難い人生であっても、そのあるがままを引き受けて生きていく力が育まれるのです。

愛する人との死別によって、スピリチュアルペインを経験している人は、それが解決できない問題であることを知っています。生き方の助言や苦難の問いに対する答えが欲しいのではなく、今とこれからの人生を引き受けて生きていく力を取り戻せるまで、だれか（何か）に支えられたいと願っています。ケア対象者は、自分の歩く速さに合わせてくれる盲導犬のような寄り添い方を求めています。それは目的地を決めてくれる人ではなく、たとえ先が見えなくても（見える気すらしなくても）、自分自身の目的地があることを信じて共に歩んでくれる人です。ですから、スピリチュアルケアでは、ケア対象者を一方的に「支える」のではなく、あくまで、自分自身の人生を引き受けて生きていくケア対象者の「支えになる」ことが重要なのです。

死別体験者へのスピリチュアルケアには、マニュアルがありません。ケア対象者の「支えになる」ために、悲嘆がもたらす曖昧さと不可思議さの中で、日々、答えの出ない問いに苦悩しているケア対象者のそばに居続けることが求められます。そのため、多くのケア提供者は日々、計画どおりに進まない臨床現場で無力感を感じ、疲弊してしまうことがあります。しかしこの無力感や疲弊感は、スピリチュアルケアにも限界があることや、ケア提供者もケア対象者と同じ弱さを持つ存在であることを教えてくれます。こうした弱さの自覚は謙虚さを生み、謙虚さはケア提供者をケア対象者と同じ高さの目線に導くだけでなく、真心を込めて取り組む姿勢や態度をも育んでくれます。死別体験者の「支えになる」スピリチュアルケアとは、ケア対象者とともにどうにもならない状況を変えようとするのではなく、ケア対象者の回復や成長を信じ、そばに居続けるという相互性に成り立つケアなのです。

また、スピリチュアルケアは、スピリチュアルペインを軽減・消失させることを目的とした特殊なケア技術の名前ではなく、ケア対象者との癒し癒される関係をはじめとする、あらゆるケアの基盤となるもの、または「あり方」を示すものです。奇しくも、近代ホスピスの母と呼ばれるシシリー・ソンダース医師が語った「Not doing, but being.（何かをするのではなく、ただそばにいること）」という言葉に通ずるものでもあります。したがって、ケア対象者の「支えになる」ことを目指すスピリチュアルケア提供者は、①誠実であること（他者に対してだけでなく自分自身にも）、②押しつけないこと（信念や信仰、価値観など）、③覚悟を持つこと（相手のあるがままを受けとめ、共にいる力）、④ひとりで抱え込まないこと（専門家など相談できる人を持つ、セルフケア）、⑤自分自身を知ること（自己認知）といった姿勢や態度が求められます。これらの詳細については、本稿の制約を超えるため割愛します。

(4) 宗教的ケアとしてのスピリチュアルケア――神に「祈（き）く」ということ

スピリチュアルペインには、生きる意味や価値の喪失だけでなく、神への罪責感や死後の世界への恐れなど、「宗教的苦痛」と呼ばれる要素も含まれます。先に紹介したケンスケさんの悲嘆は、強い罪責感と婚約者の救済を希求する宗教的苦痛でもありました。こうした宗教的苦痛には、傾聴や共感的な寄り添いだけでは限界を感じることがあります。そのような場合、チャプレンなどの宗教者による宗教的ケアが求められることがあります。チャプレンは宗教者であるため、罪責感に苦しむケア対象者が神の赦しや救いを求めるときに、互いの信頼関係に基づき、共に神に祈ることがあります。ケア対象者にとって、チャプレンの祈りは、自身のたましいの叫びが神にきかれているという安らぎだけでなく、「あなたの罪は赦された」と語りたもうキリストの言葉をきく神秘的な体験ともなるのです。私は、こうしたチャプレンがとりなす祈りを「祈（き）く」と呼んでいます。「祈（き）く」という日本語はありませんが、チャプレンによってなされる祈りは、チャプレンとケア対象者の「霊（スピリチュアリティ）」が共鳴しながら、神との「関係に関わらせる」宗教的ケアだと言えます。心理・精神的ケアやカウンセリングなどでは、ケア対象者の言葉に対するいくつかの「きき方」があります。情報の共有や問題解決が必要な場合には「聞く（訊く）」ことが求められ、心の慰めや癒しが必要な場合は「聴く」ことが求められます。これらと同様に、罪の赦しや神による救済が必要とされる状況では、チャプレンはケア対象者の苦悩に耳を傾け、共感するだけでなく、その苦悩を神にとりなす祈りを通じて、ケア対象者とともに神の業に参加する体験（赦し、救い、癒しなど）を提供する役割が求められるのです。

「祈りを聞いてくださる方よ
すべての肉なる者はあなたのもとに来ます。」（旧約聖書 詩編六五編三節、聖書協会共同訳）
「私たちはどう祈るべきかを知りませんが、霊自らが、言葉に表せない呻きをもって執り成してくださるからです。」（新約聖書 ローマの信徒への手紙八章二六節、聖書協会共同訳）

おわりに

本稿では、死別体験者との関わりを振り返りながら、スピリチュアリティのはたらきやスピリチュアルペインの発生メカニズムについて明らかにし、スピリチュアルケアの重要性について述べてきました。死別体験は個人によって異なり、しばしば複雑な感情を引き起こすこともあるので、一般的な心理カウンセリングだけでなく、ケア対象者を全人的にとらえ、問題解決よりも共にいることを重視するスピリチュアルケアが求められることを明らかにしました。死別体験者へのスピリチュアルケアとは、特定の専門家に限定されたものではありません。悲しんでいる人から「そばにいてほしい」「話を聴いてほしい」と関わりを求められた人は、その瞬間からスピリチュアルケアの提供者となるのです。拙稿が、死別という「いつから」ではなく、「いつの間にか」始まり、「いつまでも」続く悲嘆を伴う喪失体験に苦しんでいる人と、彼らの傍らに寄り添うすべての人にとっての一助となれば幸いです。

参考文献

小此木啓吾『対象喪失――悲しむということ――』中公新書、一九七九年。

長谷川浩「死別ということ」、『〈突然の死〉とグリーフケア』春秋社、一九九七年。

坂口幸弘『死別の悲しみに向き合う――グリーフケアとは』講談社、二〇一二年。

ロバート・A・ニーメヤー『「大切なもの」を失ったあなたに――喪失をのりこえるガイド』春秋社、二〇〇六年。

藤野昭宏 藤江良郎 安松聖高 吉田真一「相即の医療をめざして――西田哲学が生きる医療（大会テーマシンポジウムの概要）」日本医学哲学・倫理学会 二〇〇六、第二四号、二〇〇六年。

日本精神医学会『DSM-5 精神疾患の分類と診断の手引』医学書院、二〇一四年。

『聖書 新共同訳』日本聖書協会、一九八七年。

『聖書 聖書協会共同訳』日本聖書協会、二〇一八年。

『ELNEC-J コアカリキュラム モジュール7 喪失・悲嘆・死別』日本緩和医療学会、二〇二〇年。

世界保健機関『がんの痛みからの解放とパリアティブ・ケア――がん患者の生命へのよき支援のために』金原出版、一九九八年。

Murata H., Morita T., “Conceptualization of psycho-existential suffering by the Japanese Task Force: The first step of a nationwide project," *Palliative & Support Care*, 4, pp. 279–285 (Cambridge University Press 2006).

三木浩司（監修）『死をみるこころ生を聴くこころⅡ』木星舎、二〇〇六年。

窪寺俊之『スピリチュアルケア入門』三輪書店、二〇〇〇年。

窪寺俊之（編著）『スピリチュアルコミュニケーション——生きる希望と尊厳を支える』聖学院大学出版会、二〇一三年。

窪寺俊之『死とスピリチュアルケア論考』関西学院大学出版会、二〇一九年。

窪寺俊之『スピリチュアルケアと教会』いのちのことば社、二〇二一年。

S・キルケゴール著、桝田啓三郎訳『死に至る病』（ちくま学芸文庫）筑摩書房、二〇〇八年。

Sören Kierkegaad, *Gesammelte Werke*, 11/12, *Abtlg Der Begriff Angst* von E. Hirsch (E. Diederichs, 1958).

國分功一郎、熊谷晋一郎『〈責任〉の生成——中動態と当事者研究——』新曜社、二〇二〇年。

帚木蓬生『ネガティブ・ケイパビリティ——答えのでない事態に耐える力』朝日新聞出版、二〇一七年。

小西達也『インターフェイス・スピリチュアルケア——永遠と対話の根源へ』春風社、二〇二三年。

共にいるために
――霊的同伴から見る病院チャプレンの関わり――

上田直宏

はじめに

病院チャプレンのはたらきを、北米ではミニストリー・オブ・プレゼンス、共にいるという宣教と表現されることがあります。今でこそ深く共感しますが、この言葉を病院チャプレンとして働き始めた当初に聞いたとしても、よくは理解できなかったでしょう。その理由には、私自身が十分に練られていなかったということだけでなく、共にいることそのものが非常にチャレンジングだということもあります。そもそも共にいるということは、患者さんがその関わりをゆるしてくださることによって生まれ得る、私たちの意図を超えたものです。そのうえで、私たちのほうで患者さんの招きに対して応えられなかった、共にいることができなかったという記憶があるのではないでしょうか。

本稿は、この共にいるというテーマについて、霊的同伴という視点とそのあり方から考えることを目的としています。具体的には、病院チャプレン時代に与えられた患者さんとの関わりを霊的同伴の視点を通して振り返ることによって模索します。特に、「ミニストリー・オブ・プレゼンス」、「観想的傾聴」、「目撃する」という三つのキーワードと共に考えていきたいと思います。患者さんに限らず、だれかと共にいることができなかった、けれども共にいようとする人が、その関わりのうちに希望を見つける一助となることを願っています。

1　病院チャプレンと霊的同伴

(1) 霊的同伴へのきっかけ

なぜ病院チャプレンの働きに「霊的同伴」という聞き慣れない実践が関係づけられるのでしょうか。私が霊的同伴に関心を寄せるようになったきっかけを記したいと思います。

患者さんとの関わりによって、私は病院チャプレンとして大いに教えられ育てられてきましたし、慰められ、励まされもしてきました。にもかかわらず私は、それらによっても満たされることのないたましいの渇きのようなものを覚えていました。その渇きは、神にしか満たすことができないように思えました。頭では理解し語っている神の愛を、受け取り直す必要があったのです。そのためには、イエスがしばしば人から離れて、荒れ野で祈られたように[*1]、主のほか何者もいない荒れ野において、ただ神のもとで休み、神から滋養を得ることが必要でした。これは病院チャプレンとは関わりのない非常に内面的な事柄に聞こえますが、ヘンリ・ナウエンは、霊性（スピリチュアリティ）が耕されることは、人を内的な自己陶酔へ向かわせるよりもむしろ、世界や他者とより深く関わらせる、と語っています[*2]。共にいるためには、自らの霊性が養われる必要があるのです。そうはいっても、物理的に荒れ野に退くことと同じように、たましいにおいても、多くの物や人に満ちた現代社会において退くことは簡単ではありません。静まろうとしても、多くのすべきことと人とに囲まれている私たちは、あえて静まる時をもつようにすることが必要です。そのような時をひとりで保つことは困難ですが、霊的同伴という実践は、人が静まって神との時を持つことを助けます。次の項では、この霊的同伴について少し整理していきましょう。

(2) 霊的同伴のはたらき

本稿では、キリスト教における霊性を「父・子・聖霊なる三位一体の神との全人的関わりや関係のあり方」と理解して進めたいと思います。[*3] 全人的な関わりとは、自身のすべてを賭すような関わりとも言えますが、それには他の人の立ち入ることのできないひとりでという側面と、共同体においてという側面の両面があります。霊性が育まれるのは、キリスト者にとって教会という信仰共同体が何よりの場と言えますが、それと同時に、個別に霊的な歩みが支えられサポートされる働きも求められます。個別に人の霊的な歩みに同伴することによってその人の霊的旅路を助けようとする働きに「霊的同伴」があります。霊的同伴（spiritual direction）は、ローマ・カトリック教会においては豊かな伝統がある実践ですが、プロテスタント教会においていて関心が寄せられるようになったのは比較的最近のことです。特に日本のプロテスタント教会においてはまだ黎明期ですが、霊的同伴者の中村佐知さんは霊的同伴を次のように定義しています。

「一人のクリスチャンがもう一人のクリスチャンの霊的旅路（キリストに似た者へと変えられていく霊的形成、霊的変容の旅路）に同伴し、その人が神との関係をより深め、自分の日々の生活の体験の中にある神の臨在や、御業や、自分に対する神からの個人的な語りかけに気づき、注意を払い、そこにある招きに応答していくことを助けるための定期的な面談[*4]」

霊的同伴は、英語の「スピリチュアル・ディレクション」を訳したもので、直接的には霊的な指導や指示という意味を持ち、その原型は四世紀の砂漠の師父たちの実践に由来する長い歴史を持つ働きです。はじめは同伴者が被同伴者を指導するといった性質がありましたが、現代は「指導」というよりも「同伴」という性質が強くなり、日本語としても「霊的同伴」と訳されることが定着しつつあります。しかし、ディレクション・指示や指導という側面を大切にするならば、真のディレクターは聖霊であるということ、そして同伴者は指導するというよりも、伴いながら聖霊のほうを「指し示す」役割を持つとも理解できます。同伴者（director）は、被同伴者（directee）の生活がどれだけ混乱に満ちたものであったとしても、そのただ中に聖霊が生きて働いているという信頼のもとに、聖霊なる神、被同伴者、同伴者の三者面談のように行います。霊的同伴のセッションでは、聖霊の臨在のリマインダーとして実際に椅子をもう一つ用意したり、ろうそくに火を灯したりすることもあり、同伴者も被同伴者も究極的には共に聖霊に聴こうとします。

さらに、霊的同伴では癒しや問題の解決が生じることもありますが、それらを目的とするものでなく、むしろ結果を手放すことが肝心であり、毎回のセッションにオチをつけることもなければ、無理に聖書の言葉や祈りでまとめることもしません。病院チャプレンの場合、同じようなあり方が期待されつつも、同時に、患者さんにどのような変化が生じたかなど、直接的にではなくとも結果を期待されることも考えられます。

また、霊的同伴は、本人がその主旨を理解したうえで希望し、行われる月に一回程度の定期的な面談ですが、病院チャプレンの場合、期間は患者さんの入院期間に伴って期間は変動します。頻度は昨今入院期間が限られるため、月に一度ではなく、入院中には頻繁に訪問することになるでしょう。

また、担い手や対象についても霊的同伴と病院チャプレンでは若干の相違が考えられます。霊的同伴について体系的な訓練を受けられる機関や神学校が現在北米には多くありますが、その養成機関によって立場は異なり、国際団体、Spiritual Directors International（SDI）にはキリスト教信仰に限らず、幅広い宗教的背景を持つディレクターが登録されています。ただ、本稿では私自身の立場がそうであるように、霊的同伴者はキリスト者を想定して進めたいと思います。病院チャプレンについても、私が務めた淀川キリスト教病院のチャプレンもまた、牧師であることが求められていましたので、担い手はどちらもキリスト者を想定して進めます。

対象については、霊的同伴においては様々な立場があります。だれでも自身の霊的旅路を深めたいと願う人には同伴する人もあれば、ある程度同じ信仰を背景とした人を受け入れる人もあります。私自身は現在キリスト者の霊的同伴を受け入れていますが、病院チャプレンの働きにおいては、もちろん関わる相手の信仰は問われません。

このように、霊的同伴と病院チャプレンとの間には共通点と共に相違点もありますが、本稿のテーマ「共にいる」というためには霊的同伴の姿勢から学ぶことができると考えるため、私の病院チャプレン時代の関わりを、霊的同伴の視点で振り返ることによって、どのようなあり方が考えられたかを見ていきたいと思います。

2　共にいるという宣教　ミニストリー・オブ・プレゼンス

(1) 共にいることの難しさ

病院チャプレンの働きはミニストリー・オブ・プレゼンス、共にいるという宣教と表現されると先に書きましたが、私の病院チャプレンのはたらきの原体験には、神学生時代の臨床牧会実習において、共にいるどころか、ある患者さんを傷つけてしまった苦い経験があります。この実習ではまさに病院チャプレンのはたらきについて学ぶのですが、受け入れ病院で、実習生に話してもよいと申し出てくださった患者さんを紹介していただきます。私は六十代男性の松田さん（仮名）と面談室でお話しすることになりました。しばらく話を聞いているうちに、松田さんはモルヒネがうまく効かず、痛みが強いことを話し始めました。「ひどい時には槍で右脇腹を貫かれたように痛い」というほどでした。そのとき、私は松田さんの心に共感するよりも、痛みに焦点を当て、それがどんな痛みで、どれくらい痛いか、どんな意味を持つかなど、まるで調査でもするかのように質問を続けました。胸のあたりが気持ち悪いと聞くと、「それは心のことでしょうか」と尋ねる始末でした。何より身体がしんどいのだと話す松田さんの体調を慮って、面談は終了となりました。このやりとりそのものが松田さんにとって負担になっただろうと思います。当時の私は、うまく関わることができなかった自覚はありつつも、何が起こっていたのかわからず、スーパーバイザーと学生らに報告した際に大いに指摘されることとなりました。

このやりとりで私の心にいったい何が起こっていたのでしょうか。このとき私には、経験も年齢も何もかも未熟な一人の神学生であっても、行くからには何かを成し遂げたいとか役割を果たしたい、松田さんにとって良い影響を与えたいという思いがあったのでしょう。まもなく牧師になろうとする者として、スピリチュアルケアを学んでいる者として、何か患者さんに慰めや希望を与える者でありたいと願ったのでしょう。その願いは自然なものです。もしかしたら、患者さんのほうにもそのように期待する思いがあったかもしれません。私はこのとき松田さんを傷つけてしまったという思いの大きさから、その他の言葉を忘れていたのですが、会話記録をさかのぼると、松田さんからは「何か慰めるようなことを言ってくれ」との言葉も語られていました。患者にとっても、今の状況からふっと心を軽くさせ、希望をもたらすような出会いや言葉を期待することはあって当然です。

当時の私を少し優しいまなざしで振り返るなら、はっきりと言語化されたその期待に未熟ながらもなんとか応えようと悪戦苦闘したとも考えられます。しかし、期待に呑まれてしまったのか、あるいは自らの気負いによってか、いずれにしても何者かとして、ある役割のイメージに自らはまってしまった私の目には、相手もまた同じようにイメージに押し込まれた存在としか映っていませんでした。そのときの私には松田さんは、私の思い描くイメージ上の患者さんにしか見えていなかったのです。たとえば、痛みに耐えている、心に悩みやたましいの痛み、実存的な痛みを抱えているなどのイメージです。「患者イメージ」を超えて、松田さんがなお持つ希望や強さなどに気がつくことができませんでした。「もう最後やと思って一人ひとりに握手してる。でも、こんなこと、家族にもだれにも言わへん」という言葉には、他に打ち明けることのできなかった言葉を、心を開いて、何かの望みをもって話してくれたということが表れていたようにも思います。けれども当時私は、その言葉の背後にある希望や勇気や寛大さに気づくことができませんでした。

(2) 共にいるあなたは何者か

私たちはしばしば自分の役割においてその存在価値を見いだします。それは患者さんとの関わりにおいても同様です。何者かとして遣わされているのだから、その役割を果たさねばと考えます。しかし、ミニストリー・オブ・プレゼンスというチャプレンの働きにおいては、チャプレン自身がDoing、何かを行う存在である前にBeing、私自身であって良いとされていることを覚えていることが大切なのです。神はだれかと共にいることにおいても、他の立派な何者かではなく、この私として用いられるという信頼に根ざすことを求められます。元同僚でもある久保のどかさんは病院の子どもとの関わりにおいて、「神さまは『……こころに上手に寄り添いなさい』と言うのではなく、『あなたはどこに立っているのか』と問われる」と記しています。[*5] 関わり方や共にいる方法、行い方を問う以上に私たちは、患者さんと関わる私は何者なのかということをしばしば問われます。赦されている自分、この自分として愛され用いられるというメッセージは、キリスト者が日々聞くことでありながら、生涯、より深く受けとめる途上にあり続ける大きな真実でもあります。

霊的同伴は、被同伴者のうちに聖霊が生きて働いているという信頼と同様に、同伴者である自身のうちにも聖霊が働いているという信頼の中で行われます。今その時点の私であってよいという信頼に立つゆえ、霊的同伴のセッションの中で、そこにない何かを必死に探そうとする必要はありません。必要であれば、聖霊が必要なものを与えられるという信頼のもとで時が持たれます。私たちのうちに聖霊は生きて働くという信頼から行われるので、私たちのうちに発せられる小さな声に耳を澄ませます。そのしるしは被同伴者の言葉のうちにあるかもしれませんし、表情や身体の動きかもしれません。それらを超えて、心の奥深くから聴こえてくる小さな声かもしれません。血眼になって探しにいくというよりも、静けさの中でずっと小さく発せられていた声に耳を澄ませるように行われます。

同伴者は、等身大の自分自身であることが大切です。期待されるのはカリスマ的な導師のように深遠で意味深い言葉を語ることでなく、被同伴者がどのような現実を生きていても、被同伴者こそが他のだれとも異なるユニークな自身の人生のエキスパートであるという理解に基づき教えてもらうという姿勢です。同伴者は与える者ではなく、被同伴者と神との関わりに参与させてもらい、被同伴者、そして何より聖霊に聴き、教えてもらおうとします。それゆえ、求められないかぎりは聖書や専門的な言葉、教会的な言葉や神学的な言葉を用いるよりも、できるだけ被同伴者が実際に使う言葉を用いることによって対話や気づきが深められていくようにします。[*6]

(3) あなたであることに帰る

しかし、自分自身であってよいと理解はしつつも、何もできることのないまま、共にいることはなかなかにしんどいものでもあります。私がいることが肯定されていると理解するためには、それを思い起こし実感する機会や、自分自身にとって安全な場所が必要です。松田さんとの出会いは苦い記憶となりましたが、病院チャプレンとして務めるようになって、私には、自分自身であることを赦されていると実感する安全な場所が与えられました。それは職員のシゲさん（仮名）との時間でした。シゲさんはその特性からか、いつも自分自身でした。食堂で見かけるシゲさんは、自分のペースでなんとも美味しそうに食事を楽しんでいました。私は、彼を見かけては向かいに座って昼食をとるのを楽しみにしていました。私が話しかけても話半分で聞いているのかどうかもはっきりしませんが、それでも彼は、私が気落ちしているときなどは食べ終わっているのに、しばらくそこにとどまってくれたりもしました。私にとって彼はイエスに似た人でした。シゲさんの前で私はチャプレンでも何者でもなかったし、何者である必要もありませんでした。今思えば、私はシゲさんにそっと同伴されていたようでした。同伴者のシゲさんが自分自身であるゆえに、私もそこに自分自身でいいという自由さを感じました。

パーカー・パルマーは、「たましいは野生動物に似ている。彼らは安全なところでのみ顔を出し、自由に振る舞う」[*7]と語ります。まさしく安全なシゲさんの前では私のたましいは自由に振る舞い、踊ることさえできました。たましいのケアのための最も大切な働きとは、安全な場所と時を用意することなのかもしれません。

私たちは、患者さんや、共にいようとする人との関わりにおいて、ついかしこまってしまいがちですが、シゲさんの前にいたときの私のようであってよいのだと教えられます。なぜなら、そのときにこそ私たちのたましいは、共にいる人の喜びや悲しみに共鳴する柔らかさを取り戻しているからです。霊的同伴者は、どのような被同伴者のうちにも聖霊が生きて働いていると信頼するのと同様に、同伴者自身のうちにも聖霊が働いていることを信頼するようにと招かれています。

3　聴くという宣教　観想的傾聴（Contemplative Listening）

(1) 被同伴者が聴くことを助ける

病院チャプレンの働きは、「聴くという宣教（listening ministry）」とも言われます。赦されているこの私として「聴く」ということはいったいどのようなことなのでしょうか。霊的同伴において核となる「観想的に聴く」[*8]という態度から考えてみたいと思います。観想的に聴くとは、祈りのうちに聴くということで、スキルでもなければテクニックでもありません。聴くという以上に祈りの態度と言えます。祈りなので、聖霊、被同伴者、同伴者の三者が、一定の時間取り分けられて聖なる器（sacred container）の中に置かれていると理解します。被同伴者も同伴者も、その中心に、また被同伴者、同伴者のうちにいる聖霊の声に耳を澄まし、そのサインの一つとして身体の状態や心の深くにある思いや、湧いてくるイメージ等に心を留めます。そこで明らかになった素直な思いを分かち合うようにと招かれます。

高橋さん（仮名）との関わりから、「観想的に聴く」とはどのようなことであったかを見てみたいと思います。高橋さんは高齢のクリスチャンの女性で、いつも腰に強い痛みを覚えていました。過去の手術による神経障がいによるのか、認知症の症状から来るのか原因不明でしたが、一日のうちかなりの時間を「痛いー、痛いー！」、「助けて、おしまいや」、「この痛みどうしたらいいですかー」と自室から叫んでいました。その問いの答えを私は持っていませんでしたが、毎回「今日はどうしましょうか？」と尋ねると、痛みがありつつも聖書の話や祈り、あるいはただしばらく居るということを希望しました。私は高橋さんとともに、「どうしたらいいですか？　どうしてですか？」という問いを神に投げかけつつ訪問する日々でした。

霊的同伴の視点でこのことを見るならば、被同伴者と神との神聖な関係に私も加えてもらっていたと考えられます。霊的同伴において同伴者は、与え導くというものであるよりも同伴させてもらう存在であるゆえに、たとえ高橋さんの語る経験と通ずるものが私にもあり、その過去の私の経験において大きな気づきを得たとしても、基本的に高橋さんにそれを語ることはありません。なぜなら、神とその方との聖なる関係に同伴者は割って入ることができないからです。そして、もしも非常に共感することであったとしても、私の事柄は、あるいはそのとき被同伴者に感動さえもたらすかもしれませんが、応急処置の絆創膏のような役割しか果たさないことがしばしばだからです。絆創膏はしばらくすると剝がれてしまいます。あくまで霊的旅路を歩んでいるのは被同伴者であり、その霊的な旅路に私たちは伴わせてもらうのです。

痛みを叫ぶ高橋さんと共にいようとすると、つらさを感じましたが、高橋さん自身の「神様なんでですかー？」という叫びに心を合わさせてもらうことによって、ただ二者間の事柄ではなく、神に向けてそのつらさを投げかけることができたことは、私をも守りました。高橋さんの叫びに私は答えを持ち得ないからではありましたが、何も答えずにただそこにいさせてもらえたことは幸いでした。また、それは聴き続けるという霊的同伴の姿勢においては良かったのかもしれません。高橋さんは同伴者がいる中で、神への問いと対話を深めていきました。

ある日高橋さんを訪問すると、表情が穏やかで痛みがない様子でした。お話をしていると高橋さんは「あんまり痛いと死にたくなる。もう早く死にたいって思う。……でも、イエス様は友だちに一人でもいてほしいって言うから、そのために生きる。……わたし、イエス様のために生きる……」と小さく静かに、しかし力強く言葉を紡いでいきました。そのときは待降節で、立派な救い主イエスというよりも、「わたしと一緒にいて。わたしと一緒に生きて」と願う、幼子のようなイエスを高橋さんは見ているようでした。イエスはそんなふうに高橋さんを慕い求め、高橋さんもこのイエスに求められて生きる力を取り戻したようでした。

被同伴者は神からの声を聴き取る力を持っています。何より聖霊ご自身が、小さくとも声を発しています。しかしその小さな声は、安全でなかったり混乱したりする中で聴こえづらくなっているかもしれません。それでも、同伴者という共にいて聴こうとし続ける存在が助けとなります。しかも、聴こうとする存在が被同伴者の語る内容だけでなく、その奥で、いのちをもたらす聖霊の声を聴こうとする態度を持つことによって、被同伴者の聴く力もまた発揮されるのではないかと思います。

観想の語源のとおり、同伴者は、そのことを信頼しつつ共に祈る者として、そこにいようとします。そのプロセスは被同伴者のものですが、同伴者はそれを助ける助産師[*9]のような働きを担っています。

⑵ 同伴者のうちにある声に耳を澄ませる

前項で述べたように、観想的傾聴においても同伴者自身が神のうちにいて、その中心とつながっていること、丸ごとの私たちが赦されていること、神のまなざしで見ようとするあり方は肝要です。私が霊的同伴を学んだサンフランシスコ神学校では、being grounded（地に足がついている）、being centered（中心にある）というような表現もしばしばされました。この私として赦されている自由な私たちと共にいることは、被同伴者もまた自由を感じることの助けとなります。丸ごとの私たちが赦されているということ、その丸ごとの私たちを神のまなざしにおいて見ようとすることは、被同伴者だけでなく、同伴者自身のうちにある小さな声を聴こうとすることでもあります。

観想的傾聴において用いられるのは私たちの頭だけではありません。私たちは日ごろ思考（頭）にばかり重きを置きがちですが、キリスト教の霊性は神との全人的な関わりであるので、それ以外の部分にも心を留めるよう招かれます。このことは、知性や理性を無視して感覚を大切にするといった対立的なことではありませんが、「全人的」であるゆえに、日ごろ軽視しがちな他の面にはより心を留めようとします。私たちの全体を通して神は関わろうとし、私たちの全体を用いようとするという信頼のもとで、からだ、心、たましいのすべてに耳を澄ませようとします。たとえば、聴きながら同伴者である自身の身体は何を感じるでしょうか。被同伴者のある言葉を聴くとき、同伴者の心は震えるかもしれません。ある言葉には、軽やかさや力を感じるかもしれません。ある言葉を聴くとき、語られた言葉そのものはポジティブであるのに、反対に重さを感じるかもしれません。そのような聴き手自身の身体の反応にも心を向けます。身体だけでなく、どのような感情を覚えているかということにも注意を向けます。また、あることを聴く中では何かイメージが湧いてくるかもしれません。それらを通して、あるいはそれらを超えて、神は／イエスは／聖霊は私たちに何を語りかけているかを聴くように、私たちのうちにある小さな声に聴くようにと招かれています。

4　目撃するという宣教　witnessing

(1) 霊的同伴において目撃すること

「目撃する」という働きは、霊的同伴において非常に大切にされているものです。霊的同伴はツアーガイドとも表現され、[*10] 旅の道連れのような存在である同伴者は、あくまで主役の被同伴者の旅に付き添うツアーガイドで、旅程をこちらで計画して提供するプランナーではありません。同伴者は、似たような道を通ったことがあったり、役立つツールを持っていたりして、それらをそっと提案まではするかもしれません。そして旅路に同伴しつつ、見所に視点を促したりはするかもしれません。しかし、被同伴者の霊的な旅路に聖霊はすでに／今なお働いているゆえに、見所を作り出す必要はありません。しかし、流れ行く水面に日の光がキラキラと輝くようなきらめきに被同伴者が気づかずにいるならば、そこへ視線を促すような働きを担います。同伴者は被同伴者が気づくことを助け、またそこに共にいて目撃するという役割を持ちます。目撃する人が共にいることで、気づきは促され、喜びはより豊かなものとなります。霊的同伴において、自身が何かを生み出すマジシャンになる必要はありません。本当のディレクターは聖霊であって、そのディレクターは被同伴者になお生きて働いているという信頼の視点をもって、その聖霊が被同伴者にどのように働いているかに（あるいは隠れたようにひっそりとあっても）目を留めようとするのです。

(2) 病院チャプレンとして目撃すること

この働きは病院チャプレンにおいても重要です。金村さん（仮名）との関わりでは、まさにそのことを教わりました。金村さんは七十代の男性で、自身はクリスチャンではありませんでしたが、母方がクリスチャンの家系で、キリスト教に触れてきた方でした。金村さんはがんの治療を始め、入退院を繰り返すようになり、その都度私の訪問を受け入れてくれましたが、次第に病状が進んでいくなか、聖書の言葉は金村さんの希望となっていないようでした。何より本人がしんどいのですが、医療者以上に何もできない無力感を私は覚えていました。私が行くことが金村さんにとって意味があるのだろうか、気を遣って訪問を受け入れてくれているだけではないか、などと自問しながら、足取り重く訪問を続けていました。

ほとんど降参と思うようになったころ、ある聖書の言葉が私に臨みました。「私は神に一つのことを願い求めている。生涯、神の家を住まいとし、あかつきとともに目覚め 神の美しさを仰ぎ見ることを」[*11]という詩編の言葉でした。美しいのは神であって、その美しさを見ることを願うと聖書の詩人は詠っています。このことは私にとって大きな慰めとなり、希望となりました。金村さんとの関わりにおいてこの時まで私は、主役は金村さんでもなければ神でもなく、私であると思っていたのではないかと思います。無意識下では、自分の美しさを求めていたのではないかと思うのです。金村さんとの関わりの文脈で言うならば、自分の有用性や意義、自分の関わりによって人が変わることを求めていたのではないかと振り返ります。しかし、美しいのは神ご自身だと聖書は語ります。あるいは私は自分自身の美しさとまで考えていなかったとしても、神の美しさを「伝えよう」としていたのかもしれません。しかし、この詩編で歌われていることは、神の美しさを伝えることでもなく、見ることだったのです。

神ご自身の美しさへと心を向けられたとき、問われた気がしました。「あなたは金村さんに希望を持ってほしいと願っているが、あなた自身はわたしに希望を持っているのか。わたしが美しいことを信じているのか」と。意図せず、霊的同伴でいう三者関係へと導かれ、最も重要な存在は神／イエス／聖霊であることを教えられました。金村さんも私も、まことのディレクターの美しさを見るべく、このお方に聴くべく招かれました。当時の私は、「あなたを信じます。あなたが美しいことを信じます。あなたの美しさを見せてください、私はこの方のそばに最後までいさせてもらい、あなたがどのようにこの方を大切にし、どんなに美しい方かを見せていただきます」と祈りました。

その後、金村さんは、神が自分を愛してこられたし、今も愛しておられることを知ることとなりました。私は、神の美しさをそばで目撃することが許されました。あるときレンブラントの『放蕩息子の帰郷』の絵[*12]とともに、その物語についてお話しすると、金村さんはこう言いました。「できないことが増えて、この息子のようになっていく中で、自分はこの息子のようになっていきたい」と。「この息子の姿を通して父の愛がどれほど深いかがわかる」と話すその目からは涙が溢れていました。「病気になって、大半はいいことはなかったが……キリストにもう一度会えてよかった」と言う金村さんは、帰りを待っていた父なる神の愛を受け取っているようでした。「自分はまだこの放蕩息子だ」と絵を見ながら言う金村さんに、「それは最高なことではないですか」と私は答えました。息子は帰って来て、しっかりと神に抱き留められているからです。金村さんは人生を深く肯定し、感謝しつつ祈りの中を生きられました。

私たちは、このように、患者さんと神、被同伴者と

神との関わりにおいて聴かれ、語られる言葉を目撃するようにと、そこで生じる変容を目撃するようにと招かれています。神が働かれるという信頼のまなざしを持つ目撃者がいることによって、気づかれる御業があるからです。そして、見届ける人（witness）がいることによって、被同伴者は気づき、証言（witness）することも生まれるのではないでしょうか。

おわりに　共に招かれている

ここまで「ミニストリー・オブ・プレゼンス」、「観想的傾聴」、「目撃する」という三つのキーワードをもって「共にいる」というテーマを考えてきました。そのいずれにおいても、患者さんやその他の私たちが共に生きようとする人と共にいるためには、神と私たち自身との関係が最も大切であるようです。

「ミニストリー・オブ・プレゼンス」という、「いる」という宣教においては、神はあなたをどのような者として見ているのか、あなたは神をどのような方だと信じているのかということを問われる、と述べました。しかし、この私として赦されていることを確認する安全な場所や機会が必要です。

また、「観想的傾聴」においては、患者さんや被同伴者自身の旅路であることを尊重し、また彼ら彼女らのうちに働いている聖霊に信頼することが大切であることを考えてきました。そして、その時にも共にいようとする私たち自身のうちにも聖霊がはたらきかけていること、そのサインを必要であれば示してくださることを思い起こしました。

最後の「目撃する」ということにおいては、神ご自身が共にいようとする人に対して美しくいてくださることの信頼とともに、私たちは何かを行う以上に、患者さんたちのもとにとどまり続け、見届けることが大切であることを学びました。

これらのことにおいて確認されたことは、技術である以上に、信頼であり、私たちと神との関係のありようなのだと思います。しかし、私たちの信仰の旅路、霊的旅路はひとりでどうにかしなければならないものではありません。「内なる真実への旅はひとりで行くにはあまりに過酷で、その道のりは同伴者なしに旅するにはあまりに深く隠され、その目的地はひとりで成し遂げるにはひるんでしまうものだ[*13]」とパルマーが述べるとおりです。被同伴者が同伴者を必要とするように、同伴者にとっての同伴者が必要です。実際、霊的同伴者は、同伴するためには必ず継続して霊的同伴を受けることが求められます。

病院チャプレン時代の私にとってチャプレン室がそのような機能を持っていました。患者さんとの面談において、患者さんの直面する事態の厳しさに翻弄され、神への信頼が頭から抜けてしまうことがありました。そのようなときには同僚の中に、話を聴いて、代わりに祈ってくれたり、同僚自身の信仰に根ざした言葉をかけてくれたり、主へのまなざし、主からのまなざしを思い出させてくれたりする人がいました。チャプレン室ではしばしば縦と横の関係を思い起こす機会がありました。縦は神とのつながり、横は人とのつながりを意味しています。両者とも欠かせないものですが、チャプレンは特に縦のつながりを意識して関わることが大切だと確認し合っていました。私が縦のつながりを忘れているときには、代わりに縦の、神とのつながりを保ってくれる人がいました。それは小さな教会のような働きとも言えますが、霊的同伴においても、自分が内にある聖霊の働きに気づかないときに、同伴してくれるだれかによって指し示され、気づかされることがあるのです。私たちが神を仰ぐまなざしを忘れているときに、「そこにあるよ、ここに見えているよ」と一緒にいて指し示してくれる存在が大きな力になります。そのような交わりに支えられつつ、私たちがそこに共にいるということの意味を信頼し、神はそこにおられるゆえに、そこに現される御業を目撃する幸いを与えられますように。そして、私たちもまた、だれかにとってのそのような支えとなる存在であれたらと願います。

注

1 マルコ福音書一章三五節、ルカ福音書五章一六節、マタイ福音書一四章一三、二三節ほか。
2 Henri J. M. Nouwen, *Making All Things New*, pp. 54-59.
3 上田直宏「現代の霊性への関心の高まりとその共同体性についての一考察」、『神學研究』六八号、二〇二一年、五三〜六九頁。
4 中村佐知『魂をもてなす――霊的同伴への招待』あめんどう、二〇二一年、二四頁。
5 久保のどか『神さま、なんで？』いのちのことば社、二〇二三年、三八頁。
6 Duane R. Bidwell, *Short-Term Spiritual Guidance*, Fortress Press, 2004, p. 37.
7 パーカー・J・パルマー『いのちの声に聴く』いのちのことば社、二〇一六年、二一頁。
8 観想とはラテン語の con+templum に由来する contemplative の訳です。Con とは「共に」、templum は temple（神殿）の語源となる言葉です。これは、共に神の御言葉に聴こうとするあり方とも言えます。私たちが一般に祈りという時、神に向かって言語的に対話を行うことが多いのに対して、観想は同じ祈りですが、こちらから語りかけるよりもただ静まって聴くようなあり方と言えます。それは、必ずしも禅のような業を意味するものではなく、神のもとで神の家の縁側でこの丸ごとの私としてくつろぐようなイメージも当てはまるでしょう。
9 Susan S. Phillips, *Candlelight: Illuminating the Art of Spiritual Direction*, Morehouse Publishing, 2008, p. 48.

10 中村佐知、前掲書、二九〜三〇頁。
11 詩編二七編四節、典礼訳。
12 Rembrandt, The Return of the Prodigal Son, 1661-1669. エルミタージュ美術館所蔵。
13 Parker J Palmer, *A Hidden Wholeness: The Journey toward an Undivided Life: Welcoming the Soul and Weaving Community in a Wounded World* (San Francisco, CA: Jossey-Bass, 2004). p. 26.

日常生活の視点からのケアについて考える

窪寺俊之

はじめに

本稿は一つの事例を取り上げて、「ケアする者」と「ケアを受ける者」との関係を軸にしながら、日常的「ケア」の本質を明らかにしようとするものです。ケアという概念は、緩和医療では、キュア（治療）に対して「看護する、配慮する、寄り添う」などの意味で用いられます。現在、ホスピスや終末期医療の枠を超えて、介護や教育の世界でも話題になりつつあります。

今日までのケアは主に医療と介護に分類できます。そのモデルでは、「医療者―患者」「介護者―利用者」という枠組みの中でケアが行われています。ここでは日常モデルを提案します。一般の日常生活では人と人との関係が特定の枠組みにはありません。また、日本文化には「和の文化」「甘えの文化」「迷惑をかけたくないの文化」があり、ケアの介入を困難にしているように見えます。日常モデルでは、ケア者とケアを受ける者の間の関係が「曖昧な関係」であり、役割、責任も伴いませんが、期待感という感情が動いています。

本稿は日常のケアの可能性を探ることを目的にしています。

それでは、一つ事例を取り上げましょう。直面する危機を抱えて葛藤する一人の女性へのスピリチュアルケアの可能性を探り、具体的ケアの可能性を明らかにします。

1　ケース紹介

(1) フミさんとの出会い

七十六歳女性（フミさん、仮称）、長い間、公立小学校教師をして定年退職。現在は夫との二人暮らし。夫は歩行が困難になって介護が必要となり、現在は軽い認知症を発症しています。フミさんは、認知症が少しずつ進んでいる夫を見て、今後のことが非常に不安になっています。夫の生活上のケアも自分だけではできないので、福祉に頼んで助けを得ています。

そのようなとき、自分自身も転んで怪我をしたことで、自信を失ってしまいます。介護に来てくれる人が見つかり、非常に助かると言っています。長男は海外駐在で活躍しています。次男は地方都市で事業を起こし、家族を持っているので直接頼ることはできません。けれども、母親が困っているのを案じて助けに来てくれたときには、たいへん助かったと言います。（本人が特定されないように、情報を変えています。）

ケア提供者（窪寺）は彼女（フミさん）とはある講演会で出会いました。教会が五回連続の「死を生きる」と題する講演会を開催し、月一回で五か月続きました。毎回「死の臨床」「死の意味」「現代の死」などをテーマにしました。初回は五十名ほどの参加者がありましたが、最後は二十五名ほどになりました。フミさんは休まずに参加し、会の後、残っていて私（窪寺）に、自分は夫の介護をしていると話してくれました。夫への介護の体験が、今回の講演の題に興味を持った理由であると推測されました。そして、何か話をしたいようでした。その後、毎回のように、夫の介護が大変であると愚痴をこぼすようになりました。（自分の苦しさに共感してほしいようであり、かつアドバイスを欲しているというふうでもありました。）老後の生活の大変さを訴えたので、「大変ですね」「頑張っておられるのですね」と応答したりしました。講演終了後ということで、十分に話を聴ける時間はありませんでした。

あるとき、近所の教会にも行っていると話してくれました。宣教師が聖書を読む会を開いていて通ったが、よくわからなかったということです。キリスト教への関心があることは察せられましたが、フミさんが何を求めて教会へ行ったのかはわかりませんでした。救いを求めているようにも、キリスト教での死の理解や死後の生命について知りたそうにも見えませんでした。

とはいえ、フミさん自身はキリスト教や聖書に関心を持っているのは確かなようでした。その一方で、自分の愚痴を聞いてくれる人を求めているようにも感じられました。私は彼女の態度を見て、もう少し話をしっかりと聴く必要があると思い、名刺を渡し、「尋ねたいことがあればメールを下さい」と伝えました。

五回の講演が終わり、対面する機会はなくなりましたが、二か月経ったころにメールが来ました。夫の認知症が進んでいると書かれていました。

私はメールで、講演会に参加してくれたお礼と、お連れ合いのお世話をしていて大変ですねと返事を書きました。小さな励ましを伝えたいと思いました。フミさんから自分は頑固でキリスト教がわからないと、自虐的コメントがありました。それに対して私は次のような返事を書きました。「キリスト教をわかろうと焦っても、わからないことがあります。焦らずにキリスト教に関わっていると、あるとき、キリスト教の言っていることが心に落ちることがあります」と。フミさんの中に焦りが見えて、それがフミさんを苦しめているように見えたからです。その後は返事がないままで今日に至っています。最後の返事を書いて一か月が経っています。

(2) フミさんと障がい者の夫との関係

メールで話を聞いていると、フミさんの悩みの原因は夫の側にあるのであって、その問題を解消できれば自分の問題は解決すると考えているようです。たとえば、フミさんのメールは問題解決の手段や方法を尋ねてきます（「なんとかなりませんか」「何か良い方法はないんですか」）。認知症の夫を治す薬や手段を求めている感じがします（夫が認知症になったことを受け入れられない）。また、夫の世話が軽減したり、病気（身体的疾病、運動機能の衰弱、認知症など）が治ったりすれば、問題解決すると思っているようです。

フミさんは夫を一人の人格として尊敬し受け入れてきたが、それができなくなることに不安と恐れを持っているように見えます。問題のある夫（患者）として受けとめているところにフミさんのつらさを感じます。フミさんと夫とのこれまでの生活は、互いに自立した大人として尊敬し、干渉し合うことを嫌っていたように見えます。自分の時間を自分の好きなように過ごしてきたようです。教師としての人生を定年まで終えて、これからは老後を楽しみたいと考えていたところです。夫が身体障がい者になったことも、認知症を発症したことも、フミさんの想定外のことで、戸惑いと怒りがあるように見えます。あるとき、「先生は神様を信じているんですね？」と尋ねてきました。キリスト教を信じているならば、自分の苦労にどう答えるのかと責め寄られるような感じもしました。そこにはフミさんのつらさをどこにもぶつけられない苦しさがあると感じられました。私のほうも、怒りをぶつけられても何かできるだろうかと思いました。フミさんのために祈りました。フミさんが慰められ、励まされ、生きる力や希望が与えられるように。また、キリスト教のメッセージがフミさんの心に届くようにと。

身体障がい者、認知症患者になった夫を人格的存在というよりも、運動障がい者や精神的機能障がい者と見てしまう。そこにフミさんの苦しみがあると推察できました。

(3) フミさんと窪寺の関係

私はフミさんのケア者になることを依頼されたわけではありません。メールのやりとりを通して相談に乗っているうちに、ケア者と期待されている感覚となりました。けれども、こちらから「教会に通って慰められることがありますか」と少し踏み込んだ質問をしても返事はありません。自分が不安になったり困ったりすると、そのことを伝えてきますが、こちらの質問には反応がありません。自分の中に踏み込まれることを嫌がっているように見えます。私は戸惑いを感じました。私にケアをしてほしいようであり、そうでないようでもあります。私が牧師であることに警戒心を持ったのかもしれません。私にはキリスト教を押しつけようとする意図は全くありませんが、フミさんには警戒感があるようです。私は曖昧な期待感にどう応えるべきかを考えています。彼女と私の関係を今後どうすべきだろうか。私は正式なケア者として依頼されていない。しかし、ケアを求められているようにも感じる。私は自分の責任範囲、ケアの踏み込み具合、ケアの終結の見えない不安などを抱えています。

2　文化的影響

(1) 日本文化の中での人間関係の作り方

フミさんは日本文化の影響を強く受けています。ここでは次の三つの文化を取り上げます。「和の文化」「甘えの文化」「迷惑をかけたくないの文化」です。

a 「和の文化」「甘えの文化」「迷惑をかけたくないの文化」

①日本の文化には、聖徳太子の「十七条憲法」(六〇四年)以来、「和の文化」があり、集団の和を尊んで、いざこざの起こるのを避ける傾向があります。「和の文化」はいざこざを避けるだけでなく、個人を明確にしない「曖昧な関係」を作り出しています。日本人はこのような「和の文化」に根ざした「曖昧な関係」を好む傾向があるように見えます。人と争わず目立ったことを避けようとする心理です。このような「曖昧な関係」では、声をあげて積極的にケアを求めることをしにくくなります。

②さらに大きな特徴は「甘えの文化」の影響です。精神科医の土居健郎氏は、日本文化には「甘えの構造」が働いていると述べました。自分からは積極的に声をあげないが、周りの人が自分の心を察してくれて当然だという期待感が働いているといいます。自分からは積極的に行動しないで、他人の行為を期待する点で「甘えの文化」だというのです。相手が自分の気持ちを察して、わかってくれると期待します。自分の意志、願望を明確に表現しないで、相手が察して応えてくれることを期待する心理です。

③そして、「迷惑をかけたくないの文化」です。相手に迷惑となることを控えようとする心理です。石元美和子氏らは、高次脳機能障がい者の家族が抱える問題を研究しました[*1]。その結果、周囲に迷惑をかけたくない心理が働いていることを見いだしています。この心理の根底には、日本人の「奥ゆかしさ」の文化があるのかもしれません。このような「迷惑をかけたくない」「奥ゆかしさ」の文化は自己表現が抑制されて、ケアの必要性さえ隠してしまうのかもしれません。自分の本心、本音、願望を抑えてしまうことで、かえって期待感が大きくなってしまうのです。

b　日本文化の中での人間関係

このような「和の文化」「甘えの文化」「迷惑をかけたくないの文化」が重なって、結果的に日本文化の中での人間関係は、個人の痛み、苦しみ、願望が見えない「曖昧な関係」となり、積極的ケアの実践を困難にさせているように見えます。フミさんはケアを期待しながらも、その願望を自分の言葉で表現せずにケアされることを無言に期待しているようです。さらに、迷惑をかけたくないという心理が働いて、自分の気持ちを表現せず、関係を曖昧にしておくように見えます。このような関係は日本の文化では非常に広く日常生活において起きています。

(4) フミさんと窪寺との「曖昧な関係」「期待関係」の分析と考察

①医療モデル、社会福祉モデルには、提供者と対象者（患者、高齢者など）という関係（枠組み）が明確にあります。しかしフミさんと窪寺の間にはその役割関係はなく、それゆえ私（窪寺）の役割、責任についての明確なイメージが湧いてこないわけです。

②日本文化の特徴は、「個人」を明確化しようとしないというところにあります。「個人」を意識するとは、個人の立場、役割、責任を意識することです。日本文化には、個人の役割、責任を受けとめることが曖昧にされています。フミさんが窪寺にケア者になってほしいと頼んだ瞬間から、フミさんと窪寺の立場、役割が明確となります。フミさんが自分の立場、役割、責任を明確にしたくないとすれば、それは自分の立場や役割を明確にすることが責任を負うことにつながるからです。日本文化には、自分の責任を意識することを嫌う文化が残っていると言えるかもしれません。

3　ケアモデルの整理・構築

ここでは「ケア」の種類を二つのモデルにして、その特徴を整理しておきます。そのうえでフミさんのケアを「日常的モデル」として考察していきます。

(1) 医療モデル

ケアの重要性が認められ始めたのは、終末期がん患者さんへの全人的ケアでのスピリチュアルケアが最初です。治療中心の医療を補う形で緩和医療が起こり、スピリチュアルケアの重要性が認識されました。治療中心の医療（cure 治療）に対して、緩和医療はケア（care 配慮、寄り添い）が中心です。治療が効果を生まない事例では、患者さん自身を支える必要があります。患者さん自身が不安、恐怖、怒りに捕らわれることが多くあります。そこで精神的側面から患者さんに寄り添いつつ、その言葉を傾聴し、気持ちに共感することが重要になりました。

(2) 社会福祉モデル

高齢者や独居老人など、治療ではなく社会福祉的生活支援を必要とする人が多くなり、ケアの必要が認識されました。社会福祉での「ケア」の意味は、当事者の生活全般の支援を指しています。

福祉でのケアの内容は生活全体に及び、社会福祉や身体運動改善などの知識や技術が求められています。医療モデルは患者の心やたましいへのケアに集中していましたが、福祉モデルはより広い知識や技術が必要とされます。また、福祉モデルは、終末期患者や死に直面した人たちにとどまらず、闘病中の人、高齢者、独居老人、路上生活者、社会的弱者、困窮者などにも適用されます。このような人たちの中心的ケアは、ケア・マネージャーなどが担っています。ケア・マネージャーを通して専門家が介入します。

4 日常モデル（新しいモデルの必要性＝フミさんの特異性）

ここでは「日常モデル」について考えてみます。日常モデルの内容を検討することで、フミさんへのケアの鍵を探りたいと思います。

(1) 日常モデルの必要性

フミさんの事例は、先に取り上げた二つのモデルとは異なる面を持っています。フミさんは終末期患者ではありません。高齢者ですが、日常生活ができないわけでもありません。そして特定のケアを受けていません。しかし、夫の身体障がいと認知症発症によって、フミさんの生活は想定外のものとなりました。肉体的にも精神的にも負担が大きく感じられます。夫は公的支援を受けていますが、フミさん自身はそうしたケアを受けていません。将来の不安を抱えて、内心では助けを得たいと思っています。日常生活での心の支えを欲しているのですが、ケアや支援を受けられるかどうかの知識も情報もありません。人に尋ねることを躊躇しているからです。

フミさんのような立場にある人は数多くいると想像できます。現代社会は、各個人が干渉されることを嫌うために人々との関係が希薄になっています。無関心、無関係が蔓延しています。にもかかわらず、無関係や無関心は人々の安心を保障しません。相談相手が欲しいのです。しかし、相談相手になる人間関係を作ってきませんでした。

(2) 社会構造的理由

フミさんが窪寺にケアを期待する理由は何でしょうか。フミさんの身近に、自分の悩みや愚痴を聞いてくれる人がいないことが挙げられます。社会福祉士（ソーシャルワーカー）に相談しても、心の奥の問題は話せないでしょう。カウンセラーに相談するには「敷居が高い」。社会には専門家がいながら、その隙間でケアを受けられない人たちがいます。このような状況は（社会）構造的原因と呼べるかもしれません。社会福祉や病院が提供するサービスは、フミさんの愚痴や苦悩を聞いてくれる窓口にはなっていません。カウンセリングや精神科医の相談窓口は壁が高いのです。

(3) 期待感というつながり

こうした「曖昧な関係」のケアは今後広がっていくでしょう。人間関係の多様化、複雑化と機械化・事務化が進むと、人は無言化しますが、その一方で「甘えの文化」によって期待が働いていきます。期待感が応えられないと、人は深い失望感、孤独感の中に閉じこもろうとします。

ここで必要となるのは、日常の平凡な生活の中で、悩みや痛みを持ちつつ、助けを求めて声をあげない人たちへのケアです。直接声をあげていないからといって、積極的意思表示がない人を切り捨てることは望ましくありません。実際は助けてほしい「期待感」があるのです。このような「期待感」を無視する社会は正常とは言えないでしょう。他者と温かくつながり合い、心を通じ合わせ、共に生きることを期待できる社会は、安心、安全な社会です。フミさんの事例は、現代社会の一つの縮図であり、私たちに一つの課題を与えているように思います。

(4) 日常生活のケアの心

「日常モデル」はケアの本来の姿を示すものです。医療、福祉では、それぞれの立場、役割にしたがってケアが行われますが、「日常モデル」の示すケアは、一般の日常生活で「生活」を支え、充実するためのモデルです。日常生活においては、スーパーでの買い物や子どもの世話、会社への通勤などが行われますが、個人の行動だけで成り立つものではなく、それを取り巻く人間関係で成り立っています。それは特定の関係ではなく、「曖昧な関係」です。日常生活においては、出会う人の名前も職業も知らないことが多々あります。ましてやどんな生い立ちで、どんな価値観を持っているのかまで知っている人は少ないでしょう。しかし、コミュニティを同じにしていて、日常生活での接点があり、無関係の人というわけでもありません。特別な会話をしなくても、親しい関係でなくても、無関係ではないのです。人間という存在として同じ空間に生きているわけです。そうであれば、そこには曖昧な関係であっても、一定の信頼関係や期待感があります。

こうした関係であれば、身の危険が生じたときには、特別の契約関係はなくても、助けることが当然になります。危険なことが起きたときには助けてくれる人がいる、という感覚が安心につながります。日常生活ではこの安心感が非常に大切です。「日常モデル」は本来このような無言の交流の中での人間のあり方を示しているのです。

日常生活は、安心、安全という「期待」によって成り立っていると言えます。人が生きるところでは、「日常モデル」のケアが必要です。医療、社会福祉モデルでは、ケアは意図的・作為的・計画的になされますが、「日常モデル」では、ケアの期待と提供の心が無言のうちに流れています。この期待と提供が円滑になされる社会は生きやすく、安心して生きることができるのです。

5 日常モデルの「ケア」の本質（一般論）

(1) 日常モデルの「ケア」の可能性

日常モデルのケアを可能するものは何でしょうか。

a 「関心」「気配り」というケア

自分の周りにいる人に関心を持つことが、日常的ケアには不可欠です。『漢和辞典』（学研）によれば、関心とは、「心をかける、心配して気にする、注意する。物事に対する興味」ということです。「関心というケア」とは、「関心」「注意」を持ち続けて、相手の苦痛、災難に気づくように備えているケアです。関心は、万が一、病気、障がい、事故、挫折などが起きたときに、そのことを想定して注視します。手

	A 医療モデル	B 社会福祉モデル	C 日常モデル
1 対象者	終末期患者	高齢者、独居老人、路上生活者	不特定の人
2 ケアの目的	生きる意味、生きる目的を探す伴走	生活支援	安心、信頼できる生活の実現
3 ケア提供者に求められる知識・能力	心理学、神学、精神医学、カウンセリング、優しさ、思いやり、共感性	生活全般を支えるための知識や技術など、社会福祉全般の知識が求められる	想像力、好奇心、包容力
4 ケア提供者	医療者	看護師、医療ソーシャルワーカー	すべての人
5 関係性	契約関係	契約関係	期待関係、曖昧な関係

ケアのモデル
＊2

を差し伸べて準備しているのです。関心があれば、ケア対象者が苦痛や悲嘆、寂しさや不安や怒りに落ち込んだとき、すぐに対応できます。日常モデルのケア対象者は特定されていなくても、人のいるところでは必要なケアです。関心・気配りというケアは、対象者に安全、安心な環境をもたらすケアです。

b 「好奇心」というケア

日常的モデルでのケアは、人間に好奇心を持つことでもあります。『岩波国語辞典 第五版』によれば、「好奇」とは、「珍しいこと、未知のことに強く気持ちがひかれること」であり、好奇心とは、新しく珍しいことに関心を持つことであると言えます。

日常的モデルでのケアでは、患者、利用者の持つ可能性に好奇心を持つことが大切です。「関心」と「好奇心」の違いは、前者が現に見える事柄や人物に興味をもって関係を作ること、後者が患者や利用者の中にあるいまだ表現されていないことに興味をもって注視すること、というところにあります。いまだ表現されていなくても、好奇心があるなら、未知なる可能性に気づくことができます。ですから、想像力も必要になるのです。

c 「敬意」というケア

「敬意」とは、『岩波国語辞典 第五版』によると、「尊敬する気持ち」です。相手の「いのち」が自分らしく生きるため、その尊厳を保証することです。「敬意」を失ってしまったケアは、お節介や押しつけとなります。「敬意」は、ケアの主体は対象者にあるという認識があって成り立つものです。対象者の感情や情緒が揺れることがあっても、人間としての尊厳に敬意を払い、関わり続けます。

d 「積極的に知る、理解する」というケア

相手を全存在として理解し、身体的、精神的、霊的状況を積極的に知ることです。すでに述べたように、日常的ケアでは、対象者が手を挙げてケアを求めることはしません。にもかかわらず、その人が対象者となる可能性があるという意識をもって、その苦痛や悲嘆を積極的に知ることを願うというケアです。だれに対しても関心を持ち続けて理解しようとする心遣いです。このようなケアは、だれにも孤独感や断絶感を覚えさせずに、安心感を持たせます。知ること、理解することの対象は、患者や利用者、一般人全員です。

e 「受け入れる」というケア

「受け入れる」とは、ケア対象者のあるがままを受け入れる「包容力」のことです。それは簡単なことではありません。対象者はしばしば苦痛を抱えて、怒り、不安、期待、欲望をケア提供者に投げかけ、提供者の感情を揺さぶることがあります。こうしたとき、提供者はケア能力を失ってしまうことがあります。けれども、ケア対象者は感情的情緒的にどのような状況になっても受け入れられることで、大きな助けとなるでしょう。

(2) ケア提供者に求められるもの（ケアする際に求められるもの）

ここでは、日常的ケアを実践するときにケア提供者に求められるものを考えてみます。「日常的ケア」では、先に述べた曖昧な関係、日本の文化的背景、そしてケアの本質的限界などを考慮する必要があります。ここで扱うテーマは前で扱ったテーマに近いのですが、前に述べたケアを可能にするためにケア者に求めら

れる心の資質です。

a　親切、配慮の心、思いやり

ケアの心を具体化する鍵は、優しさ、いたわりの心、配慮の心、親切です。人が傷つき、自分を失い、立ち上がることさえできなくなったとき、人の優しさや思いやりが慰めとなり、励ましとなります。「優しさ」には、傷を癒やし、内なる力を引き出す力があります。優しさが、見失った自分を取り戻すきっかけを提供します。

b　慎み、謙遜

相手の尊厳、人権、人格に敬意を払うためには、慎みや謙遜が求められます。しかし、慎みや謙遜が行き過ぎると、ケアを控えてしまうことになります。控え過ぎれば、無関係、無関心と受けとめられるかもしれません。こちら側の慎みや謙遜が対象者への尊敬として受けとめられるような良い関係が必要です。神様への敬意があるところに対象者の慎みが生まれるでしょう。

c　相手の内的力、潜在能力を信じること

ケアには、対象者の内的力、潜在能力を信じることが不可欠です。ケアは、対象者が自らの人生を有意義に生きるようになるための援助です。このことを実現するには、提供者が対象者の内的力、潜在能力を信頼することが不可欠です。潜在能力はだれにも見えません。「ある」ことを信じてケアを行います。ケア提供者に潜在能力があるか否かはわからないため、「ある」と信じるのです。

d　対象者の必要や痛みへの「共感性」

「ケア」は、提供者と対象者の間の関係性で実現します。まず対象者のニーズ（必要）やペイン（苦痛）を認識することから始まります。それらの認識のためには、理性や知性よりも感性が重要な働きをします。「感性」によってニーズやペインの存在が認識され、その中身や大きさ、深さ、熱気などを感じ取ります。ニーズやペインを正しく認識するには、「感性」が不可欠なのです。「感性」が鈍っていると、適切に察することができなくなります。

e　リスクへの覚悟

ケアには「リスク」（危険、危機）が伴います。また、ケアの対象者である患者さんや高齢者の不安や恐れ、怒りに関わるため、その感情が提供者に向けられることがあり、提供者自身が傷つくこともあります。ケアが成功するか失敗するかは簡単には予測できません。失敗すれば提供者の心が折れることもあるでしょう。ケア提供者にはそれなりの覚悟が必要です。リスクを担う覚悟です。

結論（フミさんのケース）

(1) 現時点でできるケア

現時点でできることは、まず見守り、寄り添い、傾聴、共感しつつ、フミさんを精神的（思想的）、心理的（不安、恐れ）、霊的（教会への関心）に支えながら、信頼関係を深めることです。そして、フミさんが求める可能なケアを探りつつできるかぎりのケアを提供して、置かれた現状の中で最善の生き方をするようにフミさんを支援することです。

(2)「神の国」とケアの心

ケアの心について見てきましたが、ここではケアの心と「神の国」との関係について考えます。キリスト教は人間を、原罪を持つ罪人と認識して、罪からの救済を告げます。罪を赦されて、神の恩寵の中に生きることを最大の幸福と考えてきました。同時に罪から救済された人は、神の民として神の国を実現することを目指してきました。神の国とは、すべての人が安心して自分の人生を生きる世界です。

本稿では、ケアの医療、社会福祉モデルについて吟味し、さらに日常モデルについて触れました。日常モデルは特定の契約関係を持たないけれども、期待感を持つ人へのケアがテーマになりました。この日常的ケアのモデルは、人々が互いにケアの心を持って配慮し合うことを目的にしていて、安心、安全な生活環境を作るうえでは非常に重要な意味を持ちます。

本稿で考える日常的ケアモデルは、愛を中心とした世界を目指しています。このような生活環境はだれに対しても生きやすい世界ではないかと考えます。危険が襲ってきても、いつでも助けがそばにある世界です。それは愛を中心とした生活世界です。その愛についてパウロが次のように述べています。

「愛は忍耐強い。愛は情け深い。……愛は……高ぶらない。礼を失せず、自分の利益を求めず……恨みを抱かない。不義を喜ばず、真実を喜ぶ。すべてを忍び、すべてを信じ、すべてを望み、すべてに耐える。」

(新約聖書　コリントの信徒への手紙一、一三章四〜七節、新共同訳)

パウロが愛を強調したのには理由があります。コリントの教会には、人を押し退けて、自分の能力や業績を誇り、利益を求める人々がいたようです。パウロは「愛は高ぶらない。礼を失せず、自分の利益を求めず」に加えて、愛は「情け深い」と言いました（新改訳では「親切」）。パウロの心は、社会から排除される弱い人、助けを必要とする人に注がれています。その人たちを支え励ますことを使命としたパウロは、「すべてを忍び、すべてを信じ、すべてを望み、すべてに耐える」と述べました。痛み苦しむ人と共に苦しみに耐えて、神の国の建設を願ったのでしょう。神の国は神を中心として互いに助け合う社会でしょう。

「患者と医療者」という枠組みで通用するケアモデルももちろん大切です。しかし、もっと広くだれに対しても通用するケアのモデルが必要です。その心は「愛」であると、パウロは言っているように聞こえます。そう理解すれば、ここで言う日常モデルにおけるケアのあり方は、社会一般に通用するものです。日常一般で人々が共通して持つべき心です。愛の心はケアを必要とする人の痛みや苦しみを共に負い、共に担い続ける忍耐と真実と希望を持つことでしょう。パウロの次の言葉は、ケア提供者の心にしっかりととどめておくべきものです。

「それゆえ、信仰と、希望と、愛、この三つは、いつまでも残る。その中で最も大いなるものは、愛である。」

（新約聖書　コリントの信徒への手紙一、一三章一三節、新共同訳）

注

1　石元美和子、和田寿美、瓜生浩子「高次脳障害者と共に生きる家族が抱える問題――母親と妻の比較」、『高知リハビリテーション学院紀要』二〇巻、一～八頁。

2　窪寺による。二〇二三年五月六日。

執筆者紹介

島田裕子（しまだ・ゆうこ）
一九六〇年、新潟県に生まれる。市教育支援センター職員、市教育委員等を経て、現在、若者を応援するボランティア団体代表、市社会福祉協議会理事。著書として、学会誌掲載論文「癒しの思想」（日本キリスト教社会福祉学会）、「不登校児童生徒のスピリチュアルペイン」（日本スピリチュアルケア学会）などがある。

赤刎正清（あかはね・まさきよ）
一九六二年、兵庫県に生まれる。府中病院元臨床スピリチュアルケアカウンセラー。現在、日本基督教団花の峯伝道所／成松伝道所牧師、兵庫大学非常勤講師、堺看護専門学校非常勤講師、アガペ甲山病院／教会協力牧師、神戸聖隷福祉事業団支援員、神戸市特別支援学級支援員。著書として、『続・スピリチュアルケアを語る』（共著）（関西学院大学出版会）。

岸本光子（きしもと・ひかりこ）
一九五七年、大阪府に生まれる。現在、大阪暁明館病院伝道所牧師・同病院チャプレン、大阪暁明館理事、大阪医療刑務所教誨師・篤志面接委員、関西学院大学非常勤講師、日本臨床宗教師会、日本臨床スピリチュアルケア学会会員。著書として、『主よ、用いてください――召命から献身へ』〈共著〉（日本キリスト教団出版局）などがある。

清田直人（きよた・なおと）
一九七二年、熊本県に生まれる。現在、社会医療法人栄光会栄光病院チャプレン／グリーフカウンセラー、NPO法人栄光ホスピスセンター副理事長、八代聖書教会協力牧師、九州大学医学部非常勤講師、久留米大学認定看護師教育センター非常勤講師、日本スピリチュアルケア学会理事、日本死の臨床研究会代議員、日本ホスピス緩和ケア協会九州支部幹事。著書として、『死をみるこころ 生を聴くこころⅡ』〈共著〉（木星舎）、『ホスピス さよならのスマイル』〈共著〉（弦書房）。

上田直宏（うえだ・なおひろ）
一九八一年、兵庫県に生まれる。日本基督教団関西学院教会伝道師、淀川キリスト教病院チャプレンを経て、現在、日本基督教団主恩教会牧師、サンフランシスコ神学校（牧会学博士課程在学中）、関西学院大学非常勤講師、The Society for the Study of Christian Spirituality 会員。著書として、論文「現代の霊性への関心の高まりとその共同体性についての一考察」、訳書として、『ソーシャルワークにおけるスピリチュアリティとは何か』〈共訳〉（ミネルヴァ書房）などがある。

窪寺俊之（くぼてら・としゆき）
一九三九年、東京都に生まれる。淀川キリスト教病院チャプレン、関西学院大学教授、聖学院大学教授を経て、現在、兵庫大学大学院非常勤講師、日本臨床死生学会常任理事、日本スピリチュアルケア学会代議員、日本ホスピス財団評議員など。『スピリチュアルケアと教会』（いのちのことば社）、『スピリチュアルケア入門』（三輪書店）、『スピリチュアルケア研究』（関西学院大学出版会）などがある。

苦しむ人・悲しむ人の支えとなるために
――スピリチュアルケアの現場から――

2024年1月20日 発行

著　者　窪寺俊之／島田裕子／赤刎正清
岸本光子／清田直人／上田直宏

編　者　窪寺俊之

印刷製本　日本ハイコム株式会社

発　行　いのちのことば社
〒164-0001 東京都中野区中野2-1-5
電話 03-5341-6922（編集）
03-5341-6920（営業）
FAX03-5341-6921
e-mail:support@wlpm.or.jp
http://www.wlpm.or.jp/

ISBN978-4-264-04473-4